家乡黄埭

《家乡黄埭》编委会 编著

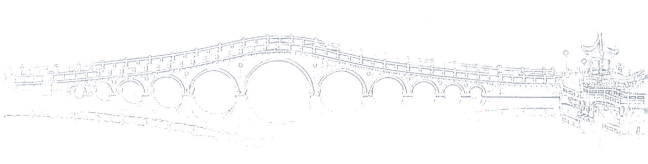

古吴轩出版社

图书在版编目（CIP）数据

家乡黄埭 /《家乡黄埭》编委会编著. —— 苏州：
古吴轩出版社，2021.8
ISBN 978-7-5546-1762-5

Ⅰ.①家… Ⅱ.①家… Ⅲ.①乡镇－地方史－苏州－
中小学－乡土教材 Ⅳ.①G634.591

中国版本图书馆CIP数据核字（2021）第115169号

责任编辑：李爱华
见习编辑：任佳佳
装帧设计：杨　洁
责任校对：黄菲菲
责任照排：韩桂丽
摄　　影：于　祥　　王振华　　朱亚华　　朱岳明　　许祖德　　陈　勇
　　　　　陈　越　　赵维康　　黄金生　　蒋建忠　　褚春玲

书　　　名：家乡黄埭
编 著 者 ：《家乡黄埭》编委会
出 版 发 行：古吴轩出版社
　　　　　地址：苏州市八达街118号苏州新闻大厦30F　　　邮编：215123
　　　　　电话：0512-65233679　　　　　　　　　　传真：0512-65220750
出 版 人 ：尹剑峰
印　　刷：张家港市恒丰包装有限公司
开　　本：787×1092　1/16
印　　张：12.25
字　　数：166千
版　　次：2021年8月第1版　第1次印刷
书　　号：ISBN 978-7-5546-1762-5
定　　价：48.00元

如有印装质量问题，请与印刷厂联系。0512-56777901

《家乡黄埭》编委会

顾 问

顾 敏 夏赵云

成 员

尤维霞 叶 婷 刘 明 许金龙

严全兰 邱丽华 张爱琴 周 平

周昕艳 赵维康 薛元荣

序

同学们，你们好！你们现在打开的是一本关于我们的家乡——黄埭的读本，我们盼望这本读本，在你们紧张的学习之余给你们带来乐趣，帮助你们增进对家乡的了解。我们都知道，爱家乡，从了解家乡开始。

到黄埭工作之前，我对黄埭并不陌生。我在黄埭有亲朋好友，也多次来参观学习，当时觉得黄埭是一个古镇，工业发达，新镇区建设得也很现代化。但那都是作为客人时的印象和感受。

作为黄埭的一员踏上这片土地，是在去年的5月，当时组织上安排我到黄埭工作。从那天开始，我的身份发生了改变，我是黄埭人了。

到黄埭调研的第一站就是黄埭老街。因为我觉得，那里是黄埭历史发展的源头，或者说，那里是黄埭的根。我看了香花桥，参观了熙馀草堂，在白果树下询问工作人员它的树龄，将那些主要的弄堂都走了一遍，将沿街的老宅都看了一遍。最后，我来到了方桥路。那里，矗立着一座石像。早在20世纪90年代，为了纪念黄歇，镇政府在当时的镇中心塑黄歇像，表达了黄埭人民对"筑堤堰水"的春申君的敬意。仰望春申君，在空间上，我和他很近；在时间上，我和他相隔了2000多年。沧海桑田，世事变幻，令人感慨万千。

此后，我走了更多的地方，田间地头、企业车间、店铺广场、公园小区……还徜徉在美丽的漕湖边上，亦探访过永昌古村、下堡顾九思墓。不仅实地走访，我还读了很多关于黄埭的读物。一旦发现"黄埭"字样，就像见到了久违的亲人一样，惊喜不已。现在，有客人到访时，我能滔滔不绝地介绍我们的黄埭了。

在黄埭中学的乡师园中、在金钩河畔，我沐浴在金色的晨光里，耳边仿佛响起了当年的校歌"学校是国家的生命，我们是民族的主人……"，眼前浮现出埭中师生在抗日烽火岁月里为了民族的解放而奋斗的身影。先辈们的奋斗精神激励着我们，也鞭策着我们。今天的我们该如何再创火红年代呢？

我们会议室的背景是家喻户晓的"黄埭十八景"，文字和画面时刻提醒着我和我的同事们：先人们曾经创造了美丽的"黄埭十八景"。今天的我们该怎么恢复"黄埭十八景"呢？在我们手里建成的美景将来会被编进读本，供以后的学生阅读吗？使命在肩，我们深感责任重大，不敢有丝毫的懈怠。

美景是奋斗出来的。正如你们现在了解到的，黄埭发展的蓝图已经绘就。天道酬勤，只争朝夕，我们已经加油干起来了。

"银黄埭，赢未来"，这个"未来"，是我们的，但最终是你们的。期盼你们继续"赢未来"，继续擦亮"银黄埭"的招牌。埭有界，学无涯，现在的你们，趁青春年少，及时当勉励，为未来的家乡添砖加瓦。

祝你们健康成长、学习进步。

你们的朋友

2021年5月

目　录

历史篇

苏州城北，有一个历史悠久的古镇，名曰黄埭。它越过春秋战国的纵横，跨过秦汉两晋的雄健，携着宋元明清的繁华，来到了气象万千的现代。

漫步在千年黄埭，一砖一瓦，一桥一亭，一院一舍，落尽繁华见真淳，一番天地万古新。多少故事，都成了历史的云烟。

让我们翻开读本，从历史的烟尘中，搜寻它的记忆，感受它的温度，领略它的魅力……

围堰筑埭春申君

在黄埭镇的东南角，矗立着一座白色大理石雕刻的人像。雕像英姿挺拔，眼神坚毅，广袖长舒，腰佩长剑，手执书卷，挥臂直指南方。此像何许人也？黄埭人为何为他铸像？这还得从春秋战国那个波澜壮阔的年代说起。

黄埭，始建于春秋时期，距今已有2500多年的历史。相传，"先有黄埭镇，后有苏州城"。镇名中的"黄"字源自楚国名相、战国四君子之一的春申君黄歇，"埭"字释义为坝，它表明此地的形成和古代拦河筑埭的水利工程紧密相关。

黄歇（？—前238），战国时期贵族，曾四处游学，见识广博，擅长舌辩。公元前262年，楚考烈王即位，任命黄歇为令尹（相当于宰相），封春申君，赐予淮北十二县。黄歇为人豪爽，有远谋，与齐国孟尝君、魏国信陵君、赵国平原君并称"战国四公子"。在那个纵横捭阖（zòng héng bǎi hé）的时代，黄歇礼贤下士，宽厚待人，门下食客众多。黄歇协助考烈王先后实现了楚、魏、赵合纵抵抗强秦并北伐灭鲁的宏志。公元前248年，他提出了改封吴地的请求。当时的吴地已并入楚国版图。来到这里后，他兴修城阙，建造宫室，使吴地的发展盛极一时。但是，这一带位于水势低洼的太湖东侧低乡地带，经常受到洪水的冲击，要使之成为适宜人居的鱼米之乡，首先要解决水的利用和安全问题。为此，春申君四处奔波，率领部下仔细踏勘泛滥的洪水走向，制定疏堵结合的治水规划，继而动员民众，疏浚河道，围堰挡水，终于

根治了水患，使灾地变成了鱼米之乡。

吴地百姓为纪念这位功绩卓著的治水先驱，以土堰水筑成堤岸，取名"黄歇埭"，又名"春申埭"，后改称"黄埭"，由此开启了黄埭历史发展的新篇章。

黄歇在吴地虽然只有短短的十年时间，但他精于治水，重视发展农业，后又疏浚了吴淞江，开河修渠，兴利除患，为江南的发展做出了巨大的贡献。他还治理了黄歇浦（后改称黄浦江），拓浚河道，"治水入江，导流入海"，使黄歇浦成为太湖入海的主要通道。故而黄浦江又名"申江""春申江""歇浦""申浦"，由此，上海也简称"申"。

筑成埭堰千秋业，傲立午门万世功。感恩图报的吴地子民没有忘记春申君的功劳，他们将春申君作为苏州的城隍庙"老爷"，为他建庙立祠。20世纪90年代，黄埭人在进入镇区必经的路口塑像纪念他，这就是"黄歇像"的由来。虽历二十多载风雨，这座雕像仍是镇区的地标性建筑之一。如今，东桥的胡桥村也新建了春申君庙，香火鼎盛，庙享千食。

虽然春申君的故事已成历史，但是儿歌仍在唱响："嘟嘟嘟，嘟嘟嘟，爷娘去开黄浦江，而后再开春申塘，领头的大爷叫春申君，住在倪村黄泥浜。"春申君将会永远流芳。

归去来兮范蠡桥

　　说到东桥的起源，就不得不提春秋战国时期叱咤风云的大夫（dà fū）范蠡。他是春秋末期楚国人，年轻时就学富五车，才高八斗，后苦身勠力，协助越王勾践成就霸业。唐代周昙在《春秋战国门·范蠡》诗中云："西子能令转嫁吴，会稽知尔啄姑苏。迹高尘外功成处，一叶翩翩在五湖。"

　　这里有一个美丽的传说：范蠡在功成名就之后，携西施出苏州齐门，乘舟入太湖。路过西桥村，他见这里风景秀丽，就在一小石桥堍定居经商，随后这里商业渐兴。他仗义疏财，施善乡梓，后人便称此桥为范蠡桥。自范蠡在西桥一带经商兴市后，西桥村逐步形成集镇，因集镇位于范蠡桥西侧，便改称西蠡桥镇。西蠡桥镇东1.5千米处也有座石桥，后人便称此桥为东蠡桥，简称东桥。经过多年的发展，形成东桥镇，镇以桥名。

　　太平军东征时，曾与清兵在西蠡河上激战。横跨蠡河的五环洞石拱大桥毁于兵燹（bīng xiǎn，战争造成的焚烧破坏等灾害），西蠡桥镇这个千年古镇也被大火焚毁，成为废墟，唯镇中的小石桥——范蠡桥幸存。战乱使百姓、商家纷纷逃难东迁，在东桥镇定居，东桥镇的规模空前扩大。所以至今民间还有"先有西桥街，后有东桥镇"之说。

西蠡桥镇虽为战乱所毁，但这里的经商习俗仍在延续。人们将范蠡桥旁三官堂道观前面的一片广场作为经商之地。这片广场又称"立夏场"，因每年立夏之日都会在此举办盛大的庙会，乡亲们从四面八方赶来"轧立夏"，盛况空前。后来，"轧立夏"成为东桥民间的一个习俗。

往事已矣，人们又在西蠡桥旧址往东处建造了东蠡桥，这是一座古朴的石筑拱桥。为了便利通行，人们又在东蠡桥往东几十米处另建新式石桥，其名曰"东范蠡桥"。两座范蠡桥一古朴一现代……

惊鸿照影香花桥

埭川水秀，古镇天堂。蜿蜒的水巷，流动的清波，无声地诉说着黄埭老街的风姿与沧桑；而临水的民舍，横岸的石桥，则默默守望着古镇的热闹繁华。这一方水与桥是乡情不可或缺的组成部分，更是游子缱绻的寄托。

说起黄埭镇上的桥，当属"黄埭十八景"之一的香花桥历史最为久远。它的历史可追溯到三国时吴赤乌四年（241），宋朝时曾重新修造，清同治十一年（1872）再次重修。香花桥位于黄埭老街西端，旧时正对着兴建于东吴年间的兴国寺山门。这是一座单孔石质梁桥，长18.6米，宽2.2米，跨径5.9米。全桥以武康石、花岗石混建，桥墩为排柱式。现在桥面石栏依旧较完整，西侧桥栏板外刻有"香花桥"的桥名，前后款分别是"同治十一年清和月立"和"里人重建"，南堍西侧的水桥前则立有香花桥的文保碑。

作为镇上现存的唯一保存较为完整的古桥，它还有一个"钉镏栏杆香花桥"

的故事。相传，古时候的某个夏夜，有一个胖和尚在香花桥上乘凉，不小心将东侧桥栏石坐断了，他急中生智，用一枚锔钉加固，"钉锔栏杆香花桥"由此产生。

　　沉稳朴素的香花桥，历经岁月沧桑，依旧古朴大气。从香花桥上向东看，沿着市河两岸的就是长达三里的老街了。如今的老街仍保留着古朴的风貌，依水而筑的民居和商铺的石墙有岁月斑驳的光影。商贾云集、河埠洗刷的场景虽已不再，但残垣断壁依然能让人联想到它昔日的风华。清代朱国骥《柳枝词》诗云："丝丝嫩绿倚春娇，古寺虽荒香自烧。独石栏杆须记省，庙桥西首第三桥。半天高柳出烟萝，布袜青鞋乐事多。何慕桥头添酒肆，日长来此听笙歌。"由此可见彼时老街的繁华风貌。

　　而今，香花桥静默横卧，像一个忠诚的守护者，与老街相依相伴，顽强而自信地见证着古镇黄埭的芳华。

秋风轻拂白果树

黄埭老街的白果园里有棵银杏树，是镇上现存的唯一的古银杏树，我们称它白果树。据说，正是这棵白果树，带来了那片白果园居民区。

从方桥北堍往西十几米进入六房墙门，再往北约百米就是白果园。西行十几米，就能看到这棵高大的白果树。据传，这棵树是由太平天国慕王谭绍光所植；也有人说白果园当年有主人，这棵树就是他家太祖亲手所植。

2020年，相城区农业农村局检测结果显示，白果树已经800多岁了。于是，政府为它立了碑，告诉所有人：这棵树是一级保护树种，需要得到众人的呵护。

这棵白果树，树身周长4.2米，树高14米，枝繁叶茂。倘若你戴着帽子在树下仰望那高过四层楼的树冠，头上的帽子必定会掉下来。

白果树是黄埭老街的标志之一。因为有了这棵树，老街就成了一代代孩童的乐园。一年又一年，春日暖阳，戏耍树下；一波又一波，夏日盘桓，绿荫惬意；一声又一声，秋风落果，嬉闹追逐。

白果树是家乡学生的作文素材。因为一年四季，白果树都有可爱的地方：春有葱绿芽，夏有碧绿叶，秋有金黄果，冬有枝丫立天地。一棵树，多样景，更多情，润

人心。

这一棵白果树，已然从孩童天真的笑声里，走进稚嫩的文字里，同时刻印到了成长的心房里。

白果树也是黄埭人的骄傲。亲朋好友远道而来，白果树是不能不看的——从远观到细看。这棵树几百年间都在努力地成长。它，究竟经历了多少风雨中的痛苦与挣扎才长成如今参天的模样？三个成年人手牵着手，竭力伸展，才能勉强合抱住它粗壮的树干。

可是，那些岁月的洗礼，那些成长中的困境，岂是人们可以触摸到的？

不过，白果树最美的模样是人们一眼可见的。每年的深秋初冬时节，都是观赏白果树的最佳时机。此时的白果树，满树金黄，在阳光下明亮闪烁、辉煌绚烂，就像凡·高所画的向日葵一样，令人迷醉。当凛冽的北风吹来时，片片黄叶如一群蝴蝶翩翩起舞；飘然落地后，黄叶铺满树周，有的地方层层叠叠，有的地方零星点缀，疏疏密密，触目即是惊艳。

"等闲日月任西东，不管霜风著鬓蓬。满地泛黄银杏叶，忽惊天地告成功。"或许，白果树愿意做这样的人：默默承受风霜雪雨的洗礼，不断自我成长，留给他人的总是最美好的礼物。

耕读流芳熙馀堂

黄埭老街上唯一被列为苏州市文物保护单位的建筑就是熙馀草堂。

它原为乡绅朱福熙的住宅，清朝道光三十年（1850）由香山帮所建，坐北朝南，总体布局是两路四进。西路为主体，由南向北依次为门厅、前厅、正厅、楼厅。东路有书房、花厅、附房等。中间是宽约1米、长约55米的备弄。

古人认为宅邸有门楼是大户和富贵的象征。熙馀草堂从南往北有三座类似的砖雕门楼，其高、宽均为4米多，样式端方，位置偏西。最南面的门楼雕刻简单、古朴大方，依次向北的两座门楼的雕刻则相对繁复细致些。蝴蝶瓦、哺鸡瓦等江南古建筑构件至今清晰可见，周边的花纹清新淡雅，仙鹤、双鹿的形象清晰明朗。尤其惹人注意的是正厅前门楼上的"诗礼继世"和楼厅前门楼上的"耕读流芳"八个大字，秀挺有力的笔触经历漫长岁月的洗礼，依旧风神俊逸。由此我们可以看出屋主人对诗礼、耕读的极力推崇之心。

正厅三间面阔10.6米，进深10.5米。南面中间位置有七扇精致的落地窄门，窄门上半部有海棠格装饰，中夹堂板和下半部裙板上雕刻有各种花卉。褚红色底板上嵌金黄色花卉，绚丽夺目。正厅内四界构造，前置船篷轩，后置双步轩。正厅悬挂的"熙馀草堂"匾额，蓝底金字，是画家余觉所书。2008年，在此厅设置黄埭评弹陈列馆，并对外开放。由此，苏南地区乡镇级最具规模和档次的评弹陈列馆诞生了。在这里，黄埭书场百余年的历史通过一张张老照片、一份份老物件呈现。"诗礼继世""耕读流芳"的文化内核以评弹这种文化样态继续传承。

东路的花厅明显与众不同。厅外金桂和玉兰随季传香,俗称"金玉满堂";厅内中西合璧,一片祥和的气氛。内梁和枋上都雕刻有硕大的花卉。窗棂镶嵌的五彩玻璃和地面斜铺的磨细彩色方砖都是进口的,这些装饰在当时必是时尚绚烂的。厅堂的上方开有四个斗形天窗,只要有阳光,花厅便更加绚烂夺目。

然而这一处的中西合璧实在是极微小的存在,熙馀草堂整体建筑彰显的依然是中国传统建筑文化。木结构,白色的墙——两面的界墙是马头墙,墙顶上铺有排檐砖、小青瓦,错落有致。阶梯状的马头墙远高于各厅的房顶,随屋面坡度层层叠落,似万马奔腾而来。这就是低调中的大气势。

这样的房子无论如何都不是"草堂"二字可以承载的。然而,中华文化推崇低调做人,道德至上。将高大的房屋称作"草堂",应该就是源于此种文化追求。草堂内那些醒目的字和建筑传达出来的或许就是屋主人的追求:虽然身在乡间集镇,以田助商,但是心中不忘儒家经典及道德规范,并且期望后人也能既学会做人又学会谋生,将这种家风世代相传,开创更美好的生活。

百年成韵话埭小

黄埭老街的东面，庙桥边上，有一所远近闻名的小学——黄埭中心小学。

说起它的历史，可以追溯到1912年，当时学校的名称是"吴县县立第七高等小学校"。1927年9月，学校改称"吴县黄埭小学"。之后几十年里，学校历经战火纷飞的岁月，挺过浩劫困顿的磨难；数代教育工作者笃志教育，一以贯之地践行着"启慧育人、崇学向善"的教育初衷。

1998年，在政府的大力支持下，学校迁建至春光路25号，新校区总面积为2.6万多平方米，拥有50多间现代化教室和各项艺体设施。2001年3月，学校正式改称"苏州市相城区黄埭中心小学"。

名字改了，场地大了，设施新了，但是薪火相传，弦歌不辍。作为黄埭初等教育的核心力量，学校秉承"埭有界·智无涯"的办学理念，营造"固本厚发"的校风，多年来一直注重学生素养的多维度发展，将德育、智育、美育、体育融为一体，积极践行"探究"教育活动。学校先后获得了"江苏省和谐校园""苏州市文明单位"等荣誉称号。

2008年10月，学校被评为苏州市少儿太极拳基地；2018年10月，学校被评为"江苏省体育特色学校"。十年磨砺，十年浸润，在太极拳"刚柔相济、和谐共生"的精神助力下，学校实现了润物细无声的大爱教育。

"智行致远"，对于埭小学子而言，这四字校训胜过千言万语，时刻鞭策着他们在书山学海中披荆斩棘，乘风破浪。在"读好书·作好文"特色课题引领下，学生争相阅读，优秀作品如雨后春笋，先后在校报《埭溪芳草》和《苏州日报》《姑苏晚报》等报刊上发表，好评如潮。

《礼记·学记》曰："古之王者，建国君民，教学为先。"在埭小的百年历程中，"春风化雨"的教风早已沿着历史的脉络，流转并沉淀到每一个埭小教师的骨子里。在埭小的光荣榜上，记录了一代代辛勤耕耘、默默奉献的园丁的名字——国学大师钱穆之女钱辉，"2019感动江苏"最美小学教师蒋菊芳，苏州最年轻援疆教师陈陶曦……学校教育质量综合考核自然列于区内第一方阵。

庄子曰："吾生也有涯，而知也无涯。以有涯随无涯，殆已！"务本求实的埭小，立足"书香校园"，承载百年老校的深厚底蕴，传承"立德树人"的使命，以实际行动续写着百年名校激荡的"初心情怀"。

前世今生鹤龄堂

　　清代，黄埭的药店就已经蔚然成风。鹤龄堂就是其中最负盛名的一家。因有"千年龟、万年鹤"的说法，店名"鹤龄"就有了健康长寿的寓意。

　　鹤龄堂由毛禄世于清朝光绪年间创建，旧址在今塔桥弄往东的黄埭大街197号和199号。药店以道地药材而远近闻名，影响力甚至扩大到镇南边的黄桥，西边的东桥，北边的无锡等地。药店有两部分：街北三间门面的上岸和街南两间门面的下岸。上岸东西两间分别是中、西药房，通过两间药房中间的过道，往北可去后院采集部分自种的药材；下岸两间门面是员工起居室和处理中药的地方，因为枕河而居，在此煎熬中药特别方便。

1956年公私合营时，街东的庆余堂、街中的良济堂、街西的徐颂寿三家药店并入，取名为鹤龄堂国药店。"文化大革命"时期先后更名为利民药店、长征药店。1983年回归供销社管辖时，改回旧称鹤龄堂药店。1985年方桥路改造，迁到方桥街3-1号，店面朝西，五间门面，120平方米。2014年注册为苏州鹤龄堂药业有限公司。

现在的鹤龄堂药店，地砖铺面，南北部分别放置西药和中药。中药柜处保留了部分中式木质储柜，中草药抽屉也依例使用，配药的工具如戒尺、戥子（děng zi）、算盘等也沿用，老中医们惯用的毛笔不再使用了，草药的包装也随行就市了。如今，药房的经营方式也与时俱进了。现在药店是B级医保定点药房，配药以医院的处方为依据；店内配备常规中药1000余种，西药1000多种。

每年秋冬季节，药店自制的滋补膏方就开始销售了。现在制作这些膏方的从业药师以陆家其为主，同时他又是老板，不仅传承了自制膏方的优良工艺，还继承了百年老店的淳朴作风。尽管屋外风寒凛冽，店内还是暖意融融。每一位顾客进门，老板都是笑脸相迎，仔细问询，殷勤相待。鹤龄堂立业百年，至今不衰，保证药品质量自然是其生存之本，而宽厚待人亦是其生存之道。常言道："医者仁心，药者良心。"鹤龄堂身为药者的良心应该就体现在这两个方面吧。前世今生如此，未来亦会如此。

金钩河畔忆峥嵘

黄埭中学不仅是有着近百年历史的名校,莘莘学子向往的学习乐园,还是英雄辈出的地方。

关于这一点,得从埭中元老沈炳魁校长和当年的师生说起。

五四运动兴起后,苏州各校于当年5月18日正式成立苏州学生联合会,沈炳魁任主席。他策划并领导了5月28日的学生罢课和到观前、阊门等闹市游行示威等爱国斗争。1927年,他还在国民党"清党"运动中保护了很多同志。

1929~1937年吴县县立乡村师范学校和1946~1949年吴县简易师范学校期间,沈炳魁两度担任校长,他的热血气概影响着学校师生。大批爱国师生随之纷纷涌现。

1931年9月24日,黄埭乡师50名师生到苏州城区宣传抗日。12月15日,黄埭乡师吴敦仁、秦炳生等30余名师生会同东吴大学等20余所学校的250名学生代表,组成苏州学生第二次晋京请愿团,分两批开赴南京。17日,与在南京的各地学生万余人联合游行示威,请求国民党中央积极抗日,遭国民党军警残酷镇压。

1937年7月7日卢沟桥事变后,黄埭人同仇敌忾。某天下午,黄埭乡师王兆元、周建平等18名学生，在苏州护龙街（今人民路）全民流通图书馆集中后上街游行。他们高唱着《义勇军进行曲》，高喊着"打倒日本帝国主义"等口号，慷慨激昂地向青旸地日租界走去。正义之声影响到沿途群众，吸引了上百人一起游行。8月13日淞沪会战爆发时，黄埭乡师师生参与到抗日宣传和救援伤员的工作中。美术教师王桢领导宣传小分队发传单、办展览、教唱《救亡进行曲》、参演独幕剧《唇亡齿寒》，号召民众一起抗日。

1937年11月19日，吴县沦陷，黄埭乡师被迫停办。春节后，王桢组织朱觉、王燕浪等学生返校，成立了天然诗社，以挂诗谜条幅等方式做掩护，继续宣传抗日。他们创办的油印刊物《导报》《火把》，把抗日的革命思想传播到黄埭、东桥、浒墅关和无锡坊桥等地。

黄埭乡师第五届毕业生王燕浪，1937年随学校抗日救亡剧团参加了江阴祝塘抗日阻击战，冒着枪林弹雨抢救游击队伤员。从黄埭乡师毕业的永昌村青年王康永，1939年拒婚参军抗日，1941年在盐阜反"扫荡"斗争中壮烈牺牲。

……

烽火岁月，人物峥嵘，英雄的奉献，成就了埭中的荣光。陪伴着埭中成长的金钩河，而今浓缩为一方水塘，垂柳依依，美丽如画。那些峥嵘岁月里的英豪事迹则深深地刻印在埭中的历史中，铭刻在埭中人的心上，他们为国为民舍生忘死的精神将会永远流传。

「金荡口，银黄埭。」自古以来，黄埭名家辈出。家乡的锦绣山河永远是他们说不尽的风情，钟毓的水土总有书不完的诗篇。

兴国寺的香火遥远而迷离，江南水乡的吴侬软语却早已唱响了《黄埭十八景》的开篇弹词……那些与黄埭有关的诗歌、校歌、名篇，字里行间凝聚着文人墨客浓浓的情思。声影交织间，相承的是古镇的根脉，缠绕的是故乡的情丝。

最甜不过家乡水，最美无非家乡情。

戴清亭①

［明］冯梦龙

县在翠微②处，浮家似锦棚③。

三峰④南入幕，万树北遮城。

地僻人难至⑤，山多云易生。

老梅标冷趣⑥，我与尔同清⑦。

【注释】

①戴清亭：冯梦龙在寿宁县衙后镇武山上的私署边建造的一个小亭。

②翠微：青翠的山色，形容山色青翠缥缈。也泛指青翠的山。

③浮家：漂泊不定的人家。锦棚：华美的屋子。

④三峰：即三峰寺，位于寿宁县鳌阳镇西1.5千米处，是寿宁县创建最早的寺院。

⑤至：一作"到"。

⑥标：树木的末端。趣：意味、情态或风致。

⑦尔：你。清：清廉。

【赏析】

冯梦龙（1574—1646），字犹龙、耳犹、子犹，号龙子犹、茂苑野史、顾曲散人、无碍居士、墨憨斋主人等，长洲（今江苏苏州）人。明文学家、戏曲家。

这首诗是冯梦龙任寿宁（今属福建省）知县时的作品，此诗描写了寿宁风光。"戴"指冯梦龙的前辈知县戴镗。戴镗为官清廉，冯梦龙与之神交已久，因作《戴清亭》诗。

寿宁县城在那青翠的山中,这里的人家在青山的点缀之下好似华美的楼阁。往城南眺望,是三峰寺古刹,往城北远望,茂盛的绿树遮盖住了整个县城。寿宁地处偏僻地区,人迹罕见,山间多云多雾,且容易弥漫。寒冷天气中,老梅树的树枝依旧风趣不减,但愿我能和你一样清廉。

作者乍到寿宁,被此处的青山绿水所吸引。在云雾易生的环境中,梅树冰清玉洁、刚正不阿。看到梅树,作者坚定了要做像戴镗那样清明廉洁的良吏的决心。

黄埭兴国寺①

[元]韩奕

粳稻②田初熟,烟霞③日欲西。

孤舟僧共载,古寺鹤同栖④。

树抱⑤溪流合,窗阴⑥月影低。

纪诗闲有咏,常向壁间题。

【注释】

①兴国寺:位于苏州市相城区黄埭镇,山门正对香花桥,始建于三国吴赤乌四年(241)。历史上几度重建,是江南地区名刹古寺之一。

②粳稻:水稻的一类,茎秆较矮,叶子较窄,深绿色,米粒短而粗。

③烟霞:如烟的云霞。

④栖:停留、居住。

⑤抱:围绕,环绕。

⑥阴:幽暗。

【赏析】

　　这首诗描写了作者暂居黄垺兴国寺所看到的景象。粳稻田已经开始熟了，烟霞满天，夕阳西下。作者和僧人一同搭载一条小舟，和仙鹤一起居住在古寺里。树木被溪流环抱，窗户在月影下显得幽暗不明。看到此情此景，作者有感而发，即兴在兴国寺墙壁上题写此诗，留作纪念。

　　本诗通过"粳稻初熟""烟霞日西"点明了时间，通过"树抱溪流""窗阴月影"等景物描写表现了作者闲适的生活。

园　居①

[清]王武

孤城②雨色晓苍苍③，满耳秋声径④已荒。

岸草倒垂鱼食影，林花乱落鸟寻香。

太平景物遗台榭，中古⑤衣冠想庙廊。

惭愧无能延祖泽，萧然⑥双板⑦闭鱼梁⑧。

【注释】

　　① 园居：这首诗曾收录于《黄垺镇志》。

　　② 孤城：边远的孤立城寨或城镇。

　　③ 苍苍：深青色。

　　④ 径：小路。

　　⑤ 中古：较晚的古代，在我国历史分期上多指魏晋南北朝隋唐这个时期。

⑥ 萧然：萧条、荒凉的样子。

⑦ 双板：筝曲，属"六八"板体乐曲之一种，4/4拍子，因每小节有两个强拍而得此名。

⑧ 鱼梁：拦截水流以捕鱼的设施。以土石筑堤横截水中，如桥，留水门，置竹筍或竹架于水门处，拦捕游鱼。

【赏析】

王武（1632—1690），字勤中，晚号忘庵，又号雪颠道人。吴县（今江苏苏州）人。清初画家，王鉴六世孙，精鉴赏、富收藏，擅画花鸟，亦擅做诗文。

《园居》这首诗开头描写了早晨雨中边远城镇的景色。整个城镇在下过雨的早晨显出深青色，诗人满耳都是秋天的声音，小路已经荒芜。岸边草的倒影与水中吃草的小鱼交相辉映，林中的花纷纷落下，小鸟在寻找香气的来处。诗人触景生情，想到太平时期的亭台楼阁等景物还在，先前的名门世族都想百年之后被供奉于太庙，可如今物是人非。诗人对不能延续祖先的恩泽感到很惭愧，诗人不再过弹曲弄筝的生活而开始了捕鱼垂钓的田园生活。

全诗描写了景物的荒凉，通过大量的借代抒发了不能延续祖先恩泽的失落以及怀才不遇的愤懑。

漕湖即事

[明]吴一鹏

晴光如练①绕村居，渺渺相望十里余。

义港②雾迷知有蜃③，回波霜落爱多鱼。

送青两地山长峙④，转漕⑤千艘粟⑥可储。

水际会埧亭早建，最宜观月夜清虚⑦。

【注释】

①练：白色的布匹，白绢。

②义港：港口的代称。

③蜃：蛤蜊。传说中的蜃能吐气成楼台形状，这实际上是大气中由于光线的折射作用而形成的一种自然现象。

④峙：耸立，屹立。

⑤转漕：转运粮饷。古时陆运称"转"，水运称"漕"。

⑥粟：粮食，谷物。

⑦清虚：清净虚无，清幽。

【赏析】

吴一鹏（1460—1542），字南夫，号白楼。长洲（今江苏苏州）人。明朝弘治六年进士，有《吴文端集》。

这首诗描写了漕湖（历史上漕湖一直属于黄埭管辖，直到2006年8月辖区重新划分，黄埭下属7个村镇划出，建立"漕湖开发区"）一带村民居住生活的情况。村庄围绕着晴光如练的湖水，水面浩瀚，渺渺达十余里。港口烟雾迷茫，有海市蜃楼出现。倏忽间波浪回转，霜气直落，湖里鱼虾众多。远远望见青山高耸，湖面运送粮食的船只来来往往。在水边建造的会埧亭上观赏这湖面清幽的月色，最适合不过了。

本诗"送青两地山长峙，转漕千艘粟可储"一联，对仗工整巧妙，显示了漕湖一带的地理特点和水利功能。诗人将漕湖一带的水乡风景写得很有特色，展现了一幅秀美灵动的江南水乡画卷。

漕　湖①

[明]文徵明

渺渺②中流溯③小舠④，露华⑤初冷碧天高。

一痕落镜秋宜月，万籁⑥无风夜自涛。

消尽霸图犹说蠡⑦，传流饷道⑧不通漕。

浮樽⑨自适东南兴，何必淋漓污锦袍。

【注释】

① 漕湖：一名蠡湖，相传范蠡所开，或谓通漕运而设。癸酉八月七日，同钱元抑、陈道复、顾朝镇、朝楚夜泛漕湖而作。

② 渺渺：悠远貌，水远貌。

③ 溯（sù）：同"溯"，逆流而上。

④ 舠（dāo）：小船。

⑤ 露华：清冷的月光。

⑥ 万籁：自然界万物发出的响声，泛指一切声音。

⑦ 蠡：即范蠡（前536—前448），字少伯，华夏族，楚国宛地三户（今河南南阳淅川县滔河乡）人。春秋末期政治家、军事家、经济学家和道家学者。曾献策扶助越王勾践复国和兴越灭吴，后隐去。周游天下多年后，范蠡主动转型经商，几年下来成了巨富，人称"陶朱公"，还留下了跟中国古代四大美女之一的西施"泛舟西湖"的动人传说。

⑧ 饷道：运军粮的道路。

⑨ 浮樽：樽指酒杯，浮樽指饮酒。

【赏析】

文徵明（1470—1559），初名壁，字徵明，号衡山居士。长洲（今江苏苏州）人，明代杰出画家、书法家、文学家。其诗、文、书、画无一不精，在画史上与沈周、唐寅、仇英合称"明四家"，在诗文上与祝允明、唐寅、徐祯卿并称"吴中四才子"。传世画作有《千岩竞秀》《万壑争流》，书作有《西苑诗》《渔父辞》等，著有《甫田集》。

《漕湖》这首诗是文徵明与友人秋夜泛漕湖而作。秋天的夜晚，诗人携同友人乘着一只小船在悠远的漕湖逆流而上。月光清冷，天空高远。此时此刻，天地间万籁俱寂，湖面上只有船桨划动泛起的波涛。诗人不禁想起了范蠡，其霸业已经消尽，当时运输军粮的道路如今也已不再经过漕湖了。在这泛游漕湖的小船上，想喝酒就喝个尽兴，只要自己感到高兴就行，又何必在官场仕途中随波逐流、与世浮沉呢？

整首诗表达了诗人对官场的不满和对高洁品质的追求。

埭川八景诗

东桥夜月

［清］朱国骥

百尺危桥①小市东，绿杨影里月腾空。

最怜玉镜方当满，更爱冰轮②未及中。

纵目③可探山水窟，耸身④疑即广寒宫。

夜游乐事凭俯仰⑤，皓魄⑥澄波⑦上下通。

【注释】

① 危桥：高耸的桥。

② 冰轮：明月。

③ 纵目：放眼远望。

④ 耸身：纵身向上。

⑤ 俯仰：犹瞬息，表示时间短。

⑥ 皓魄：指明月，亦指明亮的月光。

⑦ 澄波：清波。

【赏析】

在百尺长的高桥、小市场的东边，月亮从碧绿的杨树影里渐渐升起。最令人喜爱的就是这玉镜一样的满月还没有升到天空正中的样子。放眼远望，可以看见山水洞穴，纵身向上，又怀疑那就是广寒宫。俯仰之间，明亮的月光与清波上下连通，让人感到夜游的快乐。

本诗通过对东桥夜月的描写，表达了诗人愉悦自适的心情。

西市晓钟

［清］朱国骥

市烟树①里碧重重，古寺香消旧有踪②。

五蕴③蒙将三里雾，万缘④归向一声钟。

能回骚客⑤吟情澹，更破幽闺睡思浓。

曙色欲分鸡唱晓，蒲牢⑥深省继铜龙。

【注释】

① 烟树：云烟缭绕的树木、丛林。

② 踪：踪迹。

③ 五蕴：佛教名词，有广狭两义。狭义为现实人的代称，广义指物质世界和精神世界的总和。

④ 万缘：指一切因缘、众多缘分。

⑤ 骚客：通常和文人并用，亦称骚人，是诗人的别称。

⑥ 蒲牢：古代传说中的一种兽，形状像龙但比龙小，好鸣叫。据说蒲牢生活在海边，平时最怕的是鲸鱼。每每遇到鲸鱼袭击时，蒲牢就大叫不止。于是人们就将蒲牢形象铸于钟上，并将撞钟的长木雕成鲸鱼状，以长木撞钟，求其声大而亮。

【赏析】

黄埠街西市云烟缭绕，树木青翠。旧时古寺的香火消失了，但以前的景象仿佛还有迹可循。雾气迷蒙，覆盖了整个天地，万事万物都沉淀在一记钟响之中。这钟声，既回应了古往今来文人骚客的恬静诗情，更破除了深闺中的浓浓睡意。黎明将至，雄鸡开始报晓，蒲牢继铜龙之后发人醒悟。

本诗通过对西市晓钟的描述，表达了诗人对恬静生活的喜爱和向往。

舸城①田舍

［清］朱国骥

庙街南去是舸城，远近人家尽业耕。

屋老牵萝补更住，村荒折柳种还生。

编蓑②妇女当门坐，驱③犊④儿童绕舍行。

幸得秋来田地熟，黄冠草履⑤报丰盈⑥。

【注释】

①舸城：地名，黄埭庙桥往南去，即为舸城。

②蓑：用草或棕毛做成的防雨器。

③驱：放牧。

④犊：小牛。

⑤黄冠草履：粗劣的衣着。借指平民百姓。有时指草野高逸。意同"黄冠草服"。

⑥丰盈：年谷丰熟，丰收。

【赏析】

由庙桥往南去，就到了舸城，之前就听说过这里的人家都以耕种为生。房屋老旧了，爬满了藤蔓，修补一下继续居住。村子荒芜，折了柳枝种下，倒也生出了不少新绿。编织蓑衣（笠）的妇女就坐在门口，放牛的儿童绕着村舍而行。令人欢喜的是秋天终于到了，田地里的庄稼都熟了。平民百姓都互相传达着丰收的消息。

本诗通过对编织蓑衣（笠）、放牛等的描写，表现了江南水乡的恬静生活，也表达了诗人对这种生活的喜爱。

沪渎①渔村②

［清］朱国骥

萦纡③沪渎水云屯，烟柳④葽迷⑤望欲昏。

茅屋正当芳草渡，渔罾⑥斜挂夕阳村。

风波险处宁辞倦，蓑笠⑦闲时竟自尊。

却为直钩⑧无处使，归来只合闭柴门。

【注释】

① 沪渎：此指沪渎里，位于老芳桥东。

② 渔村：渔民聚居的村庄。

③ 萦纡：盘旋弯曲，回旋曲折，萦回。

④ 烟柳：柳絮如烟状的柳林。

⑤ 葽迷：草木茂盛的样子。

⑥ 罾（zēng）：渔网。

⑦ 蓑笠（suō lì）：是指用草或麻编织成的斗篷以及帽子。一般是樵夫及渔民用来遮风挡雨之物。

⑧ 直钩：典故名，典出《全唐文》卷七百十九《蒋防·吕望钓玉璜赋》。传说姜太公出仕前在渭水之滨垂钓，所用钓钩是直的且不设饵。后以"直钩"借指归隐生活。

【赏析】

沪渎里的水云屯水路曲折盘旋。天色将近黄昏，柳树茂盛、柳絮如烟。茅屋正对着芳草弥漫的渡口，夕阳下的村中都斜斜地挂着渔网。我并不愿身处风波之中，只希望逃避这种疲倦的生活，更愿意在水乡渔村之间悠然自处，去过那夜幕降临时分垂钓归来，只需关上柴门的归隐生活。

本诗描述了诗人乘坐小船夜归所见的情景。黄昏、夕阳、渡口、柳树、茅屋等意象组成了一幅典型的江南渔村晚景图。本诗表达了诗人对田园生活的喜爱之情，更流露出诗人意不在官场、志在归隐田园的心态。

金山①烟水

[清]朱国骥

一拳②亦自号金山，知是氤氲③大造④悭。

港出三叉烟浩渺⑤，川连十里水潺湲⑥。

蛟螭⑦窟宅虚岩下，鸥鹭飞鸣落照⑧间。

仿佛神州与仙岛，却嫌峰小未登攀。

【注释】

① 金山："金山顶"。现属生田村。村中有湖，湖中有一平地，四面环水，仅以小桥相通。此水中平地现称"金山顶河东村"。

② 一拳：指体积小而形如拳头的物件。

③ 氤氲（yīn yūn）：烟气、烟云弥漫的样子。

④ 大造：指天地，大自然。

⑤ 浩渺：水面辽阔。形容烟雾笼罩的江湖水面广阔无边。

⑥ 潺湲（chán yuán）：水慢慢流动的样子。

⑦ 蛟螭（jiāo chī）：犹蛟龙，亦泛指水族。

⑧ 落照：落日的余晖。

【赏析】

极小的一个小丘却自称金山，是云雾弥漫的大自然的奇崛之笔吧！水路分叉，烟雾笼罩的湖面广阔无边，绵长的水路相连，水波缓缓地流动。水中的生物在水下岩石缝隙中安家，水鸟们在落日的余晖间飞翔鸣叫。这里就像是神仙居住的仙境一般，我却因为嫌弃这小丘太小而没有攀登过。

本诗写了湖中一个极小的小山丘——虽小，但也颇有些景致。广阔的湖面烟雾缭绕，水鸟游鱼都有各自的栖息之地，鸟鸣鱼游，各有趣味，恍若仙境。

蠡墓风帆

［清］朱国赓

少伯①名高今古同，只留荒冢②水西东。

滢洄细浪依芳渚③，来往征帆④信好风。

影远如飞愁易尽，路回疑隔看仍通。

五湖烟景⑤扁舟入，谁识当年在此中。

【注释】

① 少伯：即范蠡，春秋末期著名的政治家、军事家、经济学家和道家学者。相传范蠡佐越王勾践成就霸业之后辞官，乘扁舟泛五湖而去。

② 荒冢：荒凉的坟墓。

③ 渚：一小片水中陆地。

④ 征帆：指远行的船。

⑤ 五湖烟景：泛指归隐之境。

【赏析】

范蠡从古至今名声都很大，但却只留了一个荒凉的坟墓在水边。水流回旋，激起的细细浪花流过开放着鲜花的小片陆地。看来往的船只凭借着风飞速远去，愁绪似乎也随着消失了。水路迂回，让人怀疑是不通的，但仔细一看还是通的。乘一叶扁舟泛五湖而去，谁又还记得当年在此处的范蠡呢？

本诗描写了诗人乘舟经过范蠡墓时看到的景象。诗人感叹于如范蠡这样的名士最后都只留下荒冢一堆，颇有"古今多少事，都付笑谈中"之感。

三闾①古柏

[清] 朱国骐

离骚②读罢拜三闾，俎豆③犹绵列野蔬④。

皎洁忠魂光日月，槎丫⑤古柏插晴虚。

千寻⑥铁干龙鳞出，百尺虬枝⑦殿角余。

自是穷愁消未得，荒祠⑧零落步庭除。

【注释】

① 三闾：这里指三闾庙。旧址位于现黄埭大街中段。1958年，三闾大夫庙被拆除，在原址建黄埭镇工会俱乐部，现已改建成民居。

② 离骚：泛指词赋诗文、曲名，这里指屈原的作品《离骚》。

③ 俎(zǔ)豆：古代祭祀、宴飨时用来盛食物的礼器，亦泛指各种礼器。后引申为祭祀和崇奉之意。

④ 野蔬：野菜，山间野地所产蔬菜，这里指贡品。

⑤ 槎(chá)丫：枝干歧出的样子。

⑥ 千寻：古以八尺为一寻。"千寻"，形容极高或极长。

⑦ 虬枝：盘屈的树枝。

⑧ 荒祠：荒凉的祠堂。

【赏析】

读完了《离骚》来三闾庙祭拜屈原，感受到世人对他的崇奉至今在民间流传不衰。屈原的浩然忠魂可以与日月争光辉。枝干歧出的古柏栽种在晴丘之上。极高的铁杆上龙鳞纹凸显，百尺长的树枝盘屈在殿角边。自己的愁苦情绪本来不得消除，在这荒凉的祠堂随便走走，愁闷竟随之消散了。

此诗描写了诗人拜会三闾庙时看到的景象，诗人由此情此景生发了对屈原的赞美和崇敬之情。

分水禅灯①

[清]朱国骥

昔日茅庵得旧闻②，一灯高挂继斜曛③。

光摇曲岸千家合，影落澄波十字分。

苦海未离辉象教④，昏衢⑤欲出照慈云⑥。

於今不见琉璃大，烦恼丛心只自知。

【注释】

① 禅灯：是一种采用高丽窍石制成的石灯，窍内置灯油，因石质不同，光色各异，白者为月灯，红者为日灯。

② 旧闻：指过去发生的事情。

③ 斜曛（xié xūn）：指落日的余晖。

④ 象教：释迦牟尼离世，诸大弟子想慕不已，刻木为佛，以形象教人，故称佛教为象教。

⑤ 衢：大路，四通八达的道路。

⑥ 慈云：佛教语，比喻慈心广大，犹如大云覆盖世界众生。

【赏析】

关于昔日的茅屋还流传着一些旧闻，黄昏时分，一盏禅灯被高高挂起。灯光摇曳，照亮了岸边的人家，灯影落在水波之上，摇曳闪动。这闪烁的灯光给没有脱离困苦境地的人以光明，为迷茫困顿的人照亮了前路。如今并没有能指引我的人，满心的苦恼也就只有自己知道。

本诗描写了黄昏时分水处的一盏禅灯照在岸边和水面的景象，灯光似乎在为困境中苦恼的人指明道路。

【作者简介】

朱国骥，清代诗人。题目《埭川八景诗》为编者整理并收录朱国骥所作的八首诗后所加。黄埭是座水乡古镇，有古街古桥、古寺古庙，风景古朴典雅，旧有"黄埭八景""黄埭十景"和"黄埭十八景"之说。"黄埭八景"又被称为"埭川八景"。所谓"八景"，是古人喜欢以简约而优美的词组来描述一地有特色的数处形胜。据民国《黄埭志》所载，至少在清朝同治年间，已经有了当地公认的

"八景"。清同治年间流寓黄埭的文人朱国骥所赋的《埭川八景诗》附录于各景之后,读来饶有意境,可谓各景的点睛之笔。

黄埭十八景(弹词开篇)

世外桃源足自豪,黄埭小镇乐逍遥。

宜人景物知多少,古迹重重仔细瞧。

三层牌楼今尚在,小桥杨柳间枝桃。

万笏朝天高墩上,卖席乡人闹一朝。

威灵显赫庄严相,双竖旗杆城隍庙。

金钩钓鱼兴国寺,钉镪栏杆香花桥。

仙人脚印洪墓桥,此地兴隆中市桥。

塔桥狮子眯眯笑,千年古柏三间庙。

香水浴堂芳桥塊,沪渎渔舟落水篙。

分水墩相对龙王庙,安桥浜内出多娇。

壕场角好一片荣华地,千总衙门去落了。

行过了桂香桥,文昌阁上小会考,

相思坝子建造,遗爱在人道义高。

庙桥望月无双比,黄埭荡内起波涛;岁岁来迎福来招。

【赏析】

"黄埭十八景":三层牌楼贞节坊,小桥杨柳间枝桃,万笏朝天寺前墩,双竖旗杆城隍庙,金钩钓鱼兴国寺,钉镪栏杆香花桥,仙人脚印洪墓桥,生意兴隆中市桥，塔桥狮子眯眯笑，千年古柏三间庙，香水浴堂老芳桥，沪渎渔舟落水篙，安桥浜内出多娇，壕场角繁荣乐陶陶，千总衙门石崇大王庙，桂香堤又名相思坝，文昌阁上小会考，庙桥望月映波涛。

民国时期，田少云创作、弹词名家马如飞改编、现代学者黄埭人朱恶紫整理的《黄埭十八景》传统弹词开篇，是当年"银黄埭"的真实写照。劳动人民用最朴实的语言吟唱着黄埭的美，用自己喜欢的方式抒发对她的感情。

启新中学校歌

(作于1944年)

大地掀起了欢欣，人们歌颂着黎明，一九四三年夏天，启新在苦难的暴风雨中诞生。新思想是启新的灵魂，启新是善良人们的结晶。团结、紧张、活泼、严肃是启新的校风，艰苦奋斗、努力学习是启新的精神。学校是国家的生命，我们是民族的主人，背负着被辱土地的血痕，向着新中国前进、前进！

黄埭中学校歌

(秦怡铮 词　周煜祥 曲　作于1997年)

埭川水秀，古镇天堂，黄埭中学，少年学子成长的地方。金钩长廊记载着古老历史的荣光，优良传统全靠着我们继承发扬。艰苦创业，勇于开拓，立志报国奋发向上。我们，我们，接过先辈的接力棒，要做"四有"新人豪情满怀。

平原绿野，桃李芬芳，黄埭中学，时代青年成长的地方。青春之火跳动在我们年轻的胸膛，启新之风鼓起了我们理想的翅膀。文明勤奋，进取求是，尊师守纪刻苦善学。我们，我们，热爱祖国，热爱党，开创世纪伟业扬帆远航。

黄埭小学校歌

（作于1912年）

咱们的学校，校舍日扩张，靠近着范蠡河边、春申埭上希哲古祠旁。收拾起丛林古刹，馀济庵舍，禅院宏深堂。看看，多么的宏伟，这样的堂皇！我们大家聚一堂，悉心地切磋琢磨，静默地屏息听讲，息游收藏，兴趣真佳。喂，我们大家，还要记着，诚意待人、勤奋求学。

注：此为老校歌，原歌词为晚清秀才张于辅在校任教时所作，后改为白话文，与现代汉语规范略有差异。本文由老校友回忆录音，歌词由邱菊仙老师整理。

黄埭的书场

陶文瑜

黄埭镇宣传委员陶金明竟是评弹名家黄异庵的后人。黄异庵擅说《西厢》，并且写得一手好字，我记得叶圣陶和俞平伯在日记里，都提起过他。

陶金明陪我去文化站，黄埭的书场就设在黄埭文化站。文化站门面不大，给人感觉里面的布局也局促，其实不是，新房子、旧厅堂，共有好几个院落。陶金明告诉我，这里原来是镇政府的所在地。

书场似乎是新造的，窗明几净，井井有条的样子，空落而且安静。演出是下午的事，而现在，一百多张椅子排在书台下面，它们永远是最踏实的"老听众"。

这几年我去书场听书的机会不多，好些时候都是在出租车上听书，那真是太稍纵即逝了。两军对阵，一方的急先锋说一声"来将通名"，另一方的大将还没顾得上开口，说书先生正在描写他的心理活动呢，已经到站了。还有就是电视书场，电视书场有一点堂会的意思，但少了些会心和呼应，我觉得它是"装在罐头里的评弹"。所以我想一个人在书场里坐一会儿，也不是感慨或者沉思，我就坐着，把曾经听过的书目，在心里过一遍。

如果说树一个榜样或者喊一句口号，是激励和督促，那么评弹应该是让生活放松下来的一种形式：这是一张一弛的境界。我们平时说起苏州文化，园林、刺绣等都是硬件，其实苏州人的心思和生存状态，也是体现苏州文化的一个重要方面啊。

苏州人的一句口头禅是"你在说书"。此处的说书，就是指评弹。这门艺术说噱弹唱一应俱全；一个或两三个演员，表演不同的角色，精巧细致地去表现和反映生活。小姐下一层楼梯，要说上一回书，几十层楼梯便有了几十回书了。那是用着"放大镜"和"显微镜"在看生活呢。可它又区别于几十集的港台连续剧，连续剧的悬念显得生硬而公式化了。它不会在意小姐是怎样下堂楼的，它只关心小姐下堂楼去干什么；它也不会去描绘小姐的心潮起伏，小姐的心情往往是一句台词就能传递的。"相公你总算是回来了"或者"相公你还知道要回来呀"，大家马上就明白了小姐是怎么样一个态度了。说书则非常地自然而然，顺流而下，听着是享受，听完了也不很牵挂，悠然自得，非常惬意。而好多年来，评弹艺人就是在小镇和小镇之间来来往往，在书场和茶楼里说说唱唱。

小镇上没有剧场，一年难得演几出庙台戏，平时的娱乐活动就是上书场或者茶馆听评弹。一张小书台，台上旧桌围有红底黑字"敬亭遗风"，一边的墙上是"恕不迎送"，颜体，字写得不大，却

能看得清楚。两边对联写的是：把往事今朝重提起，破工夫明日早些来。

这是从前的小镇和小镇上的评弹。从前的江、湖之上，一叶一叶的扁舟在小镇和小镇之间来来往往，说书先生衣袂飘飘地立在船头。

"说书跑码头，能过黄埭关，就算有本事了。"这是评弹名家严雪亭说的。历史上的黄埭是有名的书码头，最兴旺的时候，黄埭镇有过九家书场。而现在，就只有设在文化站里的黄埭书场一家了。从前，交通不便利，文化娱乐项目也少，而且苏州一带是出名的鱼米之乡，安居乐业的人多，走南闯北的人少，所以开书场也是养家糊口的一个营生吧。现在，生活节奏快了，东奔西走的人也多了，大家几乎是忙得有点停不下来，而且由于电视、网络冲击，评弹已经没有了从前的欣欣向荣，黄埭文化站的书场，也是在政府扶助下才开设的。

黄埭书场原来设在文化站里的一幢老宅里，老宅应该是从前大户人家的祠堂或者客厅，属于控保建筑。大家觉得在这里开办书场比较古色古香，但对于老房子的保护却是有所不利，最后还是决定将书场搬出来。文化站将门口新造的舞厅改造了一下，办起了现在的书场。

但这样一改，舞厅没有了。从表面上看，这是很偏心的事，评弹和舞蹈，应该都是文化站不偏不倚的项目，也不能说评弹是黄埭"亲生的孩子"，跳舞是"过继来的"。但文化站的领导说："黄埭可以没有舞厅，却不能没有书场，不能让这个脉络在我们手上断了。"

空出来的厅堂呢，文化站准备搞一个评弹博物馆。因为在黄埭，和评弹相关的事情实在太多了，办一个博物馆，是总结归纳，是继往开来。

评弹名家蒋月泉在一次演出中曾讲道："我唱《杜十娘》唱红了，但一直不晓得它是啥人写的，现在才晓得作者还在，叫朱恶紫。老先生住在苏州齐门外黄埭镇……"

除了《杜十娘》，朱恶紫还创作过好多弹词开篇，风花雪月的情怀，似有若无的情节，声情并茂的情绪，全是旧式文人的生动和美好。

"朱恶紫1979年起重新开始弹词写作，为吴县评弹团搞创作，为苏州地区团潘祖强、陆月娥充实过唱词，还写了《今不换》《两份档案》等，也为苏州电台、评校、苏州和上海评弹团写过稿子。据朱恶紫先生回忆，自1928年至1987年，六十年中所写作品有一百余篇。"

这一段有关朱恶紫的报道，是我在网上看来的。黄埭在我心里的印象，也就不仅仅是文化站里的一家书场，或者说这一家书场，不仅仅就是说书先生和听众了。

起初领导安排我去黄埭采写这一篇文章，我是有想法的，我毕竟是中老年人了，赤日炎炎还要赶这么远的路。但到了书场，想到在这里演出的评弹演员，他们可是一年四季这样奔波着，而且长年累月在外面，生活多么不方便啊，于是我的情绪就小了。再听到文化站的同志兴致勃勃、如数家珍地向我说起评弹，我也被他们感染了。其实我也会唱《杜十娘》的，可惜唱不全，只会前面四句。

（陶文瑜［1963—2019］，江苏苏州人，曾担任《苏州杂志》副总编，中国作家协会会员、江苏省书法协会会员。本文原载《苏州杂志》2007年04期，有删改。）

最忆香花桥

汪长根

　　江南地区名为香花桥的地方不胜枚举。母校吴县黄埭中学，现已更名为江苏省黄埭中学，就坐落在黄埭老街最西端的香花桥畔。

　　黄埭，地处苏州城西北，因楚相春申君黄歇以水筑埭而得名，是远近闻名的商埠重镇，自古以来就有"金荡口、银黄埭"的说法。

　　黄埭老街久负盛名，据历史记载，老街全长1372米，分为东街与西街，俗称"三里长街"。清同治、光绪至抗日战争前，这里店铺林立，以米业、茶业为代表

的各类商家有303家，门类齐全。有28爿米行、近百家茶馆、8爿棉布店、6爿酱油店、11爿肉店、6爿南货店、9爿书场，还有19爿大大小小的饭店、面店和点心店，比如埭川饭店、大雅、周记、永兴及东兴、元兴、长兴、新兴春、如来春、香花饭店等，其繁华热闹可见一斑。

香花饭店坐落在"黄埭十八景"之一的香花桥堍。民国时期，田少云创作、弹词名家马如飞改编、朱恶紫整理的传统弹词开篇《黄埭十八景》如是说："世上桃源足自豪，黄埭小镇乐逍遥。宜人景物知多少，古迹重重仔细瞧。三层楼牌今尚在，小桥杨柳间枝桃。万笏朝天高墩上，卖席乡人闹一朝。威灵显赫庄严相，双竖旗杆城隍庙。金钩钓鱼兴国寺，钉锗栏杆香花桥……"

这香花桥貌不惊人，很不起眼，却大有来头。相传始建于吴赤乌四年（241），重修于宋，清同治十一年（1872）又重修一次。至今保存较好。香花桥桥石产于浙江武康，称武康石，呈棕红色，此石架桥实属珍稀，具有一定的历史价值。

有些情况往往这样：有的事貌似无比精彩，你却熟视无睹；有的事微不足道，却让人魂牵梦绕。令我心心念念的那座香花桥，还有桥之畔的那家香花饭店，就是这样。

1965年夏季，我结束初中学业，考上黄埭中学，香花桥、香花饭店便成了我的母校邻居，冥冥之中成就了一份情缘。

我是常熟人，说起报考黄埭中学，这是人生成长的一个拐点。我的家在贯通常熟至苏州城区的元和塘善长泾下塘的东姚家桥村，吴县与常熟两县交界处。从我们村南行约2千米处有个小镇叫石桥，北行约2千米处有个小镇叫洞港泾，都是当地小有影响力的集散中心。但村民自古以来偏喜石桥，虽属常熟管辖，却自谧"苏州齐门外人"，我的父母也不例外，还偏执地认为，往苏州方向发展更有出息。当我在村里读完初小毕业时，即1960年，正是三年困难时期，村上年龄与我相近的小伙伴全部辍学，我则面临两种选择，要么上本县的洞港泾中心小学，要么上吴县的石桥中心小学。好在当时对学区、择校没有严格规定，我一个外县人，带着成绩单，顺理成章地在吴县读完了小学和初中。

黄埭对于当地农民来说是个"大码头"，黄埭中学在当时有百万人口的吴县，是仅有的5所完全中学之一。收到高中录取通知，颇有点让人喜出望外。但黄埭在哪里？黄埭中学什么模样？很有点神秘感。我们几个小伙伴聚在一起，决定在开学前结伴而行，来一个先睹为快。

这是一个炎热的日子，我们从石桥小镇的一个同学家里出发，带着掩饰不住的喜悦，怀揣"书包翻身"的梦想，哼着小曲，沿着事先考量的方向上路了。时而行走在乡间小路上，时而徜徉在宽阔沟渠上，时而穿越小桥与机耕路，先在一个叫芮埭的渡口摆了渡，涉过冶长泾河，到达黄埭境内后，又经过卫星村、倪汇村、永昌村等自然村落。黄埭镇终于到了。紧接着就是三里长街，我们从最东端走到最西端，一睹芳容。究竟走了多少时间，不清楚。反正，年轻人有的是力气。这是我们的初识：与江南常见的水乡小镇一样，黄埭面街枕河，依水而筑，古色古香，两岸皆街，斑驳的外墙，碎石铺成的路面，店铺、民居一个挨着一个。只是格外陌生，格外新鲜。快到学校的时候，我们停下脚步。只见一幢独立的临水建筑，三开门面，"香花饭店"映入眼帘，走进去一看，七八张方桌，我们瞧了下菜单牌，上面密密麻麻写着各种菜名，什么清炒虾仁、红烧排骨、大蒜猪肝等等。堂内稀稀拉拉坐着几位农民模样的客人。吃饭的时间到了，越看菜单肚子越饿，口水快淌出来了。可叹囊中羞涩，几人一合计，各花了一角钱，每人点了一碗米饭、一碗猪头肉豆腐菠菜汤。哇！出奇的美味。这是我从未有过的感觉。从此，我记住了黄埭的这家香花饭店，记住了这家饭店的猪头肉豆腐菠菜汤，以至于在多少年以后,我还一直回味。

黄埭中学的同班同学,有街上人、乡下人,有走读生、寄宿生,有本地人,也有来自吴县木渎、光福、浒关、枫桥和常熟、无锡等地的外乡人。虽然读书时已处于三年困难时期恢复阶段,但生活依然比较清苦,每月伙食费只有7元5角钱,国家按一定家庭经济情况发给学生助学金。乡下的孩子懂事早,开窍晚。我就属于这类人,整个求学期间,都是小心翼翼、腼腆、拘谨、听话、用功,又易于满足,给点阳光就灿烂,只是有点贪嘴,常常留恋香花饭店这些饭菜。小时候,我家家境不算好,但也说不上穷,在那时,其实每家每户只是温饱程度的差异。我父亲还算比较活络,农忙之余做一些"鸡毛换糖"的小生意,补贴家用。母亲属于"再苦不能苦孩子"这种类型。我寄宿后每次回家,两样礼物是必须有的。一是两瓶小菜,其中一瓶自制咸菜,一瓶红烧咸带鱼;二是5角钱零钱,我很知足了。每当下午课外作业完成后,我就心心念念起那家香花饭店、那碗猪头肉豆腐菠菜汤,口袋里仅有的几角零钱就是全部的资本。后来,"文化大革命"开始了,我们这群农村寄宿生回家待命。有一天收到通知说要复课了,回到学校,老师给我发了4元助学金。我不假思索,奔向香花饭店,饱餐了一顿。这一次,外加了一道名菜:大蒜炒猪肝。

许多年以后的一天,我故地重游,回到母校。今非昔比,学校已成为本地首屈一指的现代化学校,省级重点中学,高端、大气、上档次。只是通往香花桥的那个南大门已禁止通行,赫然注明:城隍庙山门——相城区文物控制保护单位,而流连忘返的香花饭店已被夷为平地,荡然无存。我站在香花桥上,凝望四周。儿时的记忆虽然模糊,但若隐若现。仅有一些斑驳的墙,依水而筑的民居、商铺,依然能感觉到曾经的风华;水中小舟、老街喧闹、商贾云集、河埠洗刷的场景已不再,那熟悉的美食佳肴也只能他处另觅。发展的背后伴随着诸多的遗憾、惋惜、怀念、叹息，伤感油然而生。唯有那老态龙钟的香花桥，顽强而自信地"活着"，好像在向人们诉说着曾经的风姿、沧桑，对美好未来的期待与向往。

是的，当我们尽情地创造和享受现代化与社会进步成果的同时，多么希望能努力抢救那些正在消逝的乡愁。请当代人多留下一些历史的印记，让后代人延续甜蜜的记忆。

（汪长根，黄埭中学1968届高中校友，曾任苏州市委副秘书长、市委办公室主任。本文原载《苏州日报》2020年4月4日版，有删改。）

总有一种声音，挥之不去，在埭溪河畔久久回响；总有一群背影，无法忘记，在春申堰上千古流芳；总有一些故事，一讲再讲，在梦龙书院拍案叫绝，激励着一代又一代的古镇人。

江山代有才人出，各领风骚数百年。黄歇、顾九思、冯梦龙、朱恶紫……一个个震古烁今的名字，在银黄埭的璀璨星空下熠熠生辉。他们或在政治领域施展着自己的经世之才，或在文化领域书写着隽永的篇章。

观名士之雅望，品先贤之风范。源脉传承，嘉惠后世。

诗文奇才数阮籍

阮籍,字嗣宗,生于东汉建安十五年(210),三国时期魏国诗人,陈留(今属河南)尉氏人。阮籍的父亲阮瑀,是建安时期有名的文学家,是大名鼎鼎的"建安七子"之一。在阮籍不到三岁时,父亲便去世了,他由母亲一手抚养长大。阮籍从小就受到建安文学的影响,他勤奋好学,天资聪颖,八岁时就能写文章。

阮籍一生作品诸多,其作品对后世影响较大,大多收录在《阮籍集》中。这些作品大多是诗人的自我感悟,它们并非一时之作,所表现的思想感情也比较复杂。

阮籍一方面继承了建安诗歌的传统,另一方面在五言诗领域做了新的开拓,形成了独特的艺术风格。历来传诵的80余首五言《咏怀》,就是他的代表作。他把80余首五言诗连在一起,编成一部庞大的组诗,这是一个极有意义的创举,为五言诗的发展奠定了基础,开创了新的境界,做出了巨大的贡献,对后世产生了重大影响。阮籍的诗形象地展现了魏晋之际一代知识分子痛苦、抗争、苦闷、绝望的心路历程,具有深刻的思想意义和认识价值。

曹雪芹十分倾慕阮籍,曹雪芹字梦阮,这"阮"应指阮籍。因为阮籍是他心灵的知者、行为的楷模。鲁迅曾说:"阮籍做文章和诗都很好,他的诗文虽然也

慷慨激昂，但许多意思都是隐而不显的。"阮籍作为"竹林七贤"之一（"竹林七贤"是指嵇康、阮籍、山涛、向秀、阮咸、王戎和刘伶七人。这七个人相处较好，经常同游竹林，当时号称"七贤"，后世称之为"竹林七贤"），在士人中的名望较高。

阮籍卒于魏景元四年（263）冬，也就是在他写了《劝进表》之后的一两个月，享年五十四岁。后人十分敬重阮籍，为仰慕先贤，筑有啸台。啸台又叫阮籍台。遗址现在尉氏县小东门南城墙上。相传，阮籍常在此段城墙边吟诗讴歌。苏轼等名人曾经登啸台赋诗。如今，阮籍啸台已成为河南省文物保护单位。

黄埠永昌（永昌位于黄埠镇区北部，距镇区约5千米，原属于黄埠，2008年划归北桥街道管理）有大王庙，"祀晋阮籍"。

治行第一顾九思

埭川顾氏是黄埭名门望族，冠盖连绵，人才辈出。顾九思就是这个家族的杰出代表。顾九思（1532—1610），字于睿，号韦所，官至通政司右通政。

顾九思天资聪颖，好学上进，十八岁便考中秀才；明隆庆四年（1570），考中举人；第二年高中进士，连战连捷。中进士后，顾九思被任命为丰城县令。丰城县豪强众多，民风强悍，号称"难理"。顾九思到任后，针对丰城县吏为了一己私利藏匿文书、动不动就起诉监禁老百姓、县务完全就是一堆烂账的问题烧了"三把火"。首先，铁腕治理"三不在"：为官吏建造宿舍，解决"吏不在舍"问题；清理多年来积累下来的案牍文书，解决"卷不在房"问题；到监狱里亲自稽查，解决"囚不在狱"问题。接着，酌情核定赋税。顾九思在稽查监狱的时候，特别关注因为"匿税"而被关押入狱的普通百姓，重新核定他们应缴的税款，根据具体的情况加以决断遣散。接下来，顾九思一一颁布法令，断绝了作奸犯科者想要染指税收的路。这一年，应收的税款全部征收完成。然后，剿灭盗匪保太平。丰城的土匪依仗世家大族的势力经常为祸乡里。顾九思先暗中查到当地通贼的人，继而出其不意，诱贼出来。而后官兵齐出，将土匪一网打尽。丰城境内从此治安大好，四境晏然。在万历初年对全国官员的考核中，顾九思在二十五名表现突出的官员中名列第一，万历皇帝亲自在宫城的会极门宴请了他。因此，在苏州沧浪亭五百名贤祠中，顾九思有"丰城贤令，民安盗戢；内擢台垣，治行第一"的赞誉。

被皇帝褒奖的第二年，顾九思被召入朝做了言官。当时的言官们流行打一种小算盘，就是用一些鸡毛蒜皮的小事弹劾大臣，来获取"敢言""死谏"的美名。但顾九思与众不同，他所进言的事情，要么事关国体，要么有裨民生。万历七年（1579），江南连发水灾，农田被淹，粮食歉收，蚕桑受损，民不聊生。顾九思在皇帝面前力陈江南灾情，要求请回江南织造府内臣，免征苏南丝锦织造税赋一年，减轻民众的负担。由于皇帝听从了顾九思的建议，政务从宽，江南百姓得以在天灾中略微松一口气。

由于顾九思的父亲年迈，万历皇帝体恤顾九思，便改任他到离家较近的南京为官。不久，顾九思称病告老还乡。在退休居家的二十年中，顾九思不仅严于律己，而且严于治家。他乐善好施，为顾氏家族建祠堂、置祭田，还经常接济族中的穷人，深受大家爱戴。

顾九思不仅救人，还度人；不仅治政，而且济民。从这一点上说，顾九思堪称儒家"仁"的典范。治行第一，是真第一。

乐善好施王之屏

王之屏，字仲超，清代人，生卒年不详，世居永昌。永昌位于黄埭镇北约5千米处，相传先有永昌，后有黄埭。

《吴门表隐》载："王之屏，永昌人，好行善事，为一乡表率，于顺治七年出家资建永福、永禄、永寿等桥，并独修安乐、孟登、衣锦三桥，以便行人。"六桥均为小型石拱桥（俗称"环龙桥"）。这就是永昌的"三桥六浜"。三桥，架在南北向的永昌市河之上；六浜，三三分列在东西两翼。如果把永昌市河比作枝干，六浜，就是三对叶子。

据传，王之屏始祖是北宋金陵太守王同诸。有一次，王同诸到永昌看望王姓氏族长（相传当时黄埭有姓氏260多个，其中王姓居首位），踏看地形时，认为这里是块风水宝地，假满返回金陵（南京）任职时仍念着永昌，并把这事上报朝廷。后王同诸奉旨在永昌建造厅、堂、石牌楼，大兴土木，开南北向竖头河（永昌市河）、六条浜，为当地百姓的交通生活带来了很多的便利。退职告老后，王同诸便在永昌置业定居。

王同诸的后裔王之屏受乃祖家训影响，孜孜不倦地致力于故乡事业。他一向照应乡里，扶助贫弱，乐善好施，获相邻赞颂。那时候交通还不是很方便，为了便利民众，他倡议富民集资，在他祖先王同诸开挖的三条河浜上建石拱桥（也就是环龙桥）三座，从南至北分别取名为永福桥、永禄桥、永寿桥。当时在一个小镇建三座环龙桥，无疑是个大手笔，但是王之屏慷慨解囊，出资又出力，此举被广为传颂。不久，王之屏又独资另修三座环龙桥：安乐、孟登、衣锦。这又给四乡八邻的乡民的出行提供了便利。

王之屏连同先祖王同诸等几代人的努力，为永昌的"三桥六浜"古迹和永昌的繁华所做的贡献是功不可没的。

上海辞书出版社《黄埭镇志》载：（这六桥）"新中国成立初期依旧留存，2000年经实地查看，六桥已荡然无存。"安乐、孟登、衣锦三桥，当在永昌街外。和永昌接界的新兴村有一自然村，曰"孟墩上"，不知和"孟登桥"有无关系。

虽然说"三桥"（即永福、永禄、永寿三桥）无存，残缺的"六浜"现存几浜也不清楚，但相信只要永昌泾大河还在、永昌市河还在流淌，王之屏及其祖先几代人的事迹就将永远印在乡民的心田。

一代才子冯梦龙

冯梦龙（1574—1646），字犹龙，号墨憨斋主人、龙子犹、顾曲散人等，其故居位于今黄埭镇冯梦龙村冯埂上。冯梦龙是晚明杰出的文学家、思想家、戏曲家，有"中国古代白话小说先驱""中国通俗文学之父"的美誉。

冯梦龙从小喜欢讲故事，还善于运用故事中的智慧解决生活中的实际问题。相传，有一天，冯梦龙正在官差冯良屋前给小伙伴们讲述孔融让梨的故事。这时，一位早年丧夫的老妇在两个儿子的推搡下找上了官差的门，原来是两个儿子为分家产而争得不可开交，要求官差出面裁定。官差为难地说："清官难断家务事，你们去县衙吧……"此事打断了正在讲故事的冯梦龙，他挺身而出，对着两兄弟说："你们不是都认为母亲分家不公平，自己少，对方多吗？既然如此，你们把分得的家产对换一下不就完事了！"兄弟俩听了，哑口无言，满脸羞愧地扶着老母亲回家去了。

冯梦龙的科举道路十分坎坷，他屡试不中，就发愤著书，将主要精力放在小说、戏曲、民歌、笑话等通俗文学的创作、搜集、整理和编辑上，为中国文化宝库留下了近3000万字的不朽珍宝。他编纂的《喻世明言》《警世通言》《醒世恒言》是我国文学史上第一部规模宏大的白话短篇小说总集，共一百二十篇。这些作品题材广泛，反映了当时市民阶层的生活面貌和思想感情。其中《杜十娘怒沉百宝箱》《卖油郎独占花魁》《王安石三难苏学士》更是家喻户晓的传世之作。

公元1634年，年逾花甲的冯梦龙从苏州启程，一路南下，到福建寿宁任知县。上任当晚，冯梦龙躺在简陋的官衙内，只听窗外传来一声声的虎啸。原来，寿宁县城的西门城楼坍塌，很久没有修复，城外山上的老虎经常会在半夜翻越城墙进入城内，百姓谈虎色变。

据说，冯梦龙不顾年事已高，带着衙役，翻山越岭。终于找到一位善制捕虎机关的铁匠，制成虎阱，四个月之内便抓住了三只老虎。冯梦龙不但勤政爱民，而且秉公守正。相传，有一年中秋节，县城地主柳必得来给冯梦龙送礼。冯梦龙厉声斥责："这里是'四知堂'——天知、地知、我知、子知！"柳必得只好悻悻地离开了。不久，冯梦龙自掏银两，将破旧的"四知堂"重新修葺，时刻提醒自己从政要勤勉、廉洁。在四年的寿宁知县任期中，冯梦龙为当地群众办了大量的实事好事，留下了"政简刑清，首尚文学，遇民以恩，待士有礼"的美名。

"老梅标冷趣，我与尔同清。"冯梦龙，一如他心中的老梅，不畏风雪、清香永驻。为纪念冯梦龙，2014年，冯梦龙的故里黄埭镇新巷村更名为"冯梦龙村"。梦里水乡，龙泽之地，正在谱写一曲乡村振兴的华彩乐章。

乡贤典范朱福熙

黄埭老街上有一座遐迩闻名的古建筑——熙馀草堂，这是乡绅朱福熙的祖宅。朱福熙（1866—1926），字少台，他勤读好学，继承前辈风格，通过以田助商，依商置田的经营之道积聚钱财。

黄埭自古没有地方志，世事沧桑变化，史料散失严重。为传承和保护地方优秀传统文化，使后人了解黄埭、认识黄埭、熟悉黄埭，朱福熙等人开始创编《黄埭志》，全面系统地记述黄埭的自然、经济、政治、文化和社会历史与当时现状。该志于1922年由苏州振新书社印刷发行，成为黄埭地方志发展史上的开山之作，使黄埭的发展历史有据可查。

朱福熙持家有方，经商有道，成功经营了麻线铺、布艺庄。尽管朱家家业鼎盛，是黄埭镇上的书香门第、乡绅大户，朱福熙仍然严格奉行耕读传家，以保家族兴旺，家业兴盛。

清末民初，黄埭镇上兴起创办初等小学校之风。为顺应时代潮流，发展和繁荣家乡教育事业，清朝宣统二年（1910）七月，朱福熙在塔桥弄附近的三间大夫庙内开办了埭川初等小学校。创办之初，学校向乡民收取捐款，用于日常开支。后来捐款不够，朱福熙就自掏腰包，将缺口悉数补足，使堠川初等小学校得以正常运作。积累了开办堠川初等小学校的经验，朱福熙又和杨政合办黄埭国民小学校。他们奋发有为，励精图治。学校规模日益发展壮大，在1918年已达到四个分校的规模。同年，学校获得当时吴县教育部门的拨款，在东市梢壕场新建校舍，并将第一国民小学校和第二国民小学校移至新建校内。因办学有方，成效显著，1920年3月4日，吴县教育部门第二次行政会议决议将黄埭国民小学校改为黄埭国民高等小学校。为进一步提高办学质量，朱福熙亲自聘请教员，举荐优秀教育人才；为提升学生素养，朱福熙在秉承传统文化课程的基础上，注重开设"新学"，除了音乐、美术、体育课外，高小班还教授英语课，不断开阔学生的知识视野。

朱福熙除了致力于办学，其间还被推举为乡董，又任公益事务所董事。他与杨政创办了黄埭第一个商团，规范米业、肉业的行规，保地方工商界。他力促创办电灯厂，使黄埭在1920年春即通电，成为苏州市郊少有的通电乡镇。

朱福熙以耕读为本，重办学，兼农商，秉持"耕读流芳"理念，启悟着后人不懈努力，为家乡建功立业。

篆刻大师张寒月

张寒月，1906年6月生于吴县黄埭区林桥乡浜郎村刘埂上（现黄埭镇冯梦龙村刘埂上），原名政，字莲光，又字兆麟，别署寒月斋主。

张寒月7岁入私塾读书，因他父亲平素爱好书画，自幼受父亲影响，凭着一股勇气和热情，15岁自习绘画。有一次，他一口气将家中所有能用来绘画的纸全用光了，正愁没钱买纸时，他得知附近的一家旧木器店因为要糊花窗正在收购画稿。于是，他兴冲冲地将自己的画稿送去出售了。虽说所得甚微，但也可用来"挥洒"一番了。事后，那家旧木器店的伙计告诉他，有题款和钤印的画才值钱。于是他回家找来刻刀、印石，动手刻出了生平第一方印。这位伙计的无心插柳，却是功德不小。

张寒月16岁拜吴中名家吴松柏（汾）为师，学习绘画。在学画过程中，他对篆刻印章产生了浓厚的兴趣。19岁开始自习篆刻，无师自通。21岁时得艺术大师吴昌硕的指授，篆刻刀工技法日渐成熟。后吴昌硕老师见他是可造之才，便将篆刻大师赵古泥介绍给了张寒月。在两位大师的指点、引导下，张寒月的篆刻技法有了明显的提高。

张寒月先生中年时爱好交游，四访行家名人。他结识了张大千、叶恭绰、徐穆如等著名书画家。经常跟他们切磋铁笔技艺，并从甲骨、钟鼎、秦玺、汉印中探源变索。在名师的指导下以及与高人雅士的交往中，他大开眼界，大长见识，大增心量，及至晚年，终得篆艺精髓，并自成一家。

1984年，已近80高龄的张寒月历时两年刻成了巨著《西园五百罗汉像》。每

方罗汉的面容、身姿、服饰、神态各个不同，其刻工浩繁，图像精细，令人叹为观止，体现了他非凡、独到的艺术造诣。

　　1986年，张寒月不顾高龄，毅然去杭州参加西泠印社举办的张寒月金石篆刻展览，为提携后辈尽一份力。

　　1995年12月，由苏州文联、苏州书协、东吴印社联合主办的"张寒月九十寿辰师生篆刻艺术展"在苏州文联艺术家展厅隆重开幕。此展共展出张寒月先生一生的精品力作上千方，张寒月作品受到高度评价。

　　张寒月先生一生致力于篆刻艺术，正如他所作的《黄埭十景》印谱序言中所说的"予自幼好尚篆刻，一生以为专业……"。

评弹名家朱恶紫

　　朱恶紫，1911年2月21日出生于苏州黄埭镇一大户人家，原名湘神，黄埭大多数人都叫他朱湘神，亦名朱丹，恶紫是笔名。朱是正红色，红中加黑为紫，苏州人口头语"红得发紫"带有贬义。恶是憎恨，他要做一个正统的读书人，所以容不得一点带黑的红色，朱恶紫就是这个意思。

评弹名家蒋月泉先生在"文化大革命"结束后不久的一次演出中曾讲道："我唱《杜十娘》唱红了，但一直不晓得它是啥人写的，现在才晓得作者还在，叫朱恶紫。老先生住在苏州齐门外黄埭镇……"

朱恶紫先生是一位出色而又多产的苏州评弹作家。他创作于1929年的弹词开篇《杜十娘》，虽然只有短短不到三百字，却由朱菊庵首唱，后经评弹名家蒋月泉传唱，风靡海内外，成为迄今为止可谓家喻户晓、传唱度最高的弹词开篇代表性曲目。先生毕生为评弹界谱写了五百多曲弹词开篇，著作颇丰，晚年还有《古银杏》一册传世，对于现当代弘扬黄埭地方文化贡献突出。

先生的书法也极具功力与特色，他的字透出一种高雅之气，尤显独特。他的书法作品早在1937年便与张大千的作品同展于上海宁波同盟会，受到大千先生等许多书画同道的赞誉。《书法艺术》等报刊对他的书法艺术也有所介绍。此外，他曾于1988年与同为黄埭人的著名篆刻家张寒月先生合作《黄埭十景》篆刻印谱。

先生才艺渊博，品行高洁而无意功名，从不找关系为自己谋取私利。即使遇上势利之徒胡搅蛮缠，他也不计个人得失。据说，曾有人向他索取数百副春联，却毫无谢意，拿了便走。友人为之愤然，他却一笑了之，全不在意。先生鼓励后辈学习更是不遗余力。他谦和仁慈，善待乡邻，爱惜众生。凡遇上门求教者，不论男女老幼，他皆热情相待，倾心相传，乐此不疲。先生晚号"爱猫老人"，他和家人爱猫成癖，家中养着一群猫。在最困苦的日子里，即使自己没吃的，猫粮却有保证。

1995年3月18日，朱恶紫先生病故。他可谓是一个有知识、有德行之人，是黄埭德高望重的文化人的典型代表。他对文化艺术的热爱与投入及其清贫的一生，是何其可贵与可敬！

妙手丹青沈民义

　　1999年，中国版画最高奖——"鲁迅版画奖"授予了一位苏州人。而他，就是1957年毕业于黄埭初级中学的沈民义。沈民义生于1941年1月，曾用名沈明义，在版画、油画、中国画、水彩画、工业设计等方面多有建树，是国家一级美术师，中国美术家协会会员，中国版画家协会会员。在黄埭中学乡师园沈民义艺术馆内陈列着他捐赠给母校的四百多件作品。

　　沈民义自小酷爱美术，他在中学毕业作文《我的志愿》中发誓将来要成为一名美术家。然而，命运似乎有意要考验这位有志于美术事业的年轻人。当许多抱有和他一样志向的同龄人走进自己向往的美术学院时，沈民义则带着报考华东艺专落榜的落寞，在家人的劝导下成了苏州纺织机械职业技术学校的一名学生。毕业后从事出版《纺机工人报》的工作，负责画宣传画、写标语。一次机缘巧合，画一幅毛主席像的油画的重任压在了沈民义的头上。当时，他凭借一本新华书店购买的《怎样画油画》工具书，参照上面的作画步骤和制作方式，硬是把这样一幅画给成功画了出来。这次小试牛刀，增强了沈民义画油画的信心。从那时起，他便开始把厂内室外的宣传牌都画上油画。

　　直到1980年，沈民义开始接触版画。当时由于条件的制约，他只能暂停了油画的创作，专心做起了版画，而这一创作就是40多年。相比起直接用笔描绘的画来说，版画则需要更加复杂的创作流程。它考验作者的创造力、雕刻刀工以及印刷的精细度。版画需要艺术家从构图、创作、雕刻到印刷完全独立完成。任何一个环节出错都会破坏画面的效果，其难度可想而知。而沈民义的部分版画则是难上加难，因为他采用了"绝版"的方式进行创作。它的难度在于所有图案色彩均在同一块木板上完成，雕一块色就印刷一块色，雕刻底板在作品完成之后便再无印刷的机会，因而称之为"绝"。沈民义2005年绘制的《缤纷横街》正是采用了这种"绝版"的方式，共用了十八层颜色，从而保证了画面色彩明亮、配色丰富的最终效果。

　　沈民义的画有着鲜明的个人特点，大多数题材是他最熟悉、最深情的江南水乡风情：粉墙黛瓦、青石板路、水巷渔船……画面往往没有复杂的勾勒和线条，而给人一种干净利落的清爽感；流畅的刀法，清亮的色彩，更带给读者无限的遐想。他在作品集《旅途印象》的后记中写道："画画的过程让自己很开心。"沈民义热爱创作的心就像他的画一样清朗明亮，这或许就是一名画家最纯正的初心了吧。

　　沈民义从没有忘记家乡黄埭。他多次返乡，为家乡的建设献计献策，并和姚苏一起创作了中国画"黄埭十八景"系列作品。画作水墨淡彩点到为止，不尽的是沈民义浓浓的思乡之情。

忠贞不渝许吾生

　　"为有牺牲多壮志，敢教日月换新天。"抗日战争时期，无数的先烈们为了革命胜利，不惜牺牲自己保卫国家和人民的安全。在我们黄埭镇就有不少这样的革命烈士，许吾生就是其中之一。许吾生1917年8月生于黄埭永昌埝鱼浜。1939年，他参加了江南抗日义勇军（简称"江抗"）。从此，他怀着对日寇的仇恨，走上了与敌人斗智斗勇的抗日自卫之路。

　　1942年5月，许吾生随江南挺进支队从苏北回到黄埭永昌地区，加入中共锡东县委领导的武工队。因为他熟悉当地情况，武工队领导要他负责与当地地下党员的情报联络工作。

　　1945年春节后，许吾生根据周思墩游击小组提供的情报，配合中共锡东县委武工队将民愤极大的汉奸戴某从赌窝里拉出来处决，拔掉了一个"钉子"。4月，许吾生等人在中共锡东县委武工队陈祖培、夏阳的指挥下，在倪汇乡俘获了国民党"忠义救国军"派驻该乡的指导员赵某。经耐心教育，赵某幡然醒悟，表示愿意跟着共产党走，参加抗日，并更名为"赵甦"。县委领导对其表示欢迎，并同意他配合许吾生监视冶长泾北和黄埭方向的日伪动态，将情报传递给县委。

　　许吾生经常随武工队活动，他的行踪逐渐被国民党注意。在处决戴某及策反赵某后，国民党便想方设法搜捕他。1945年5月的一天，专搞反共摩擦的国民党"忠义救国军"孙纪福部，为讨好日伪，专门派出两队人马，半夜从北桥的泗家桥乘船出发，在拂晓时团团包围了永昌镇，天亮后开始大肆搜捕。许吾生在镇东薛根生家的牛棚里不幸被捕。

当天，国民党将许吾生及同时被捕的5名抗日积极分子带到镇东浜的一座荒坟旁，当着许吾生的面用刺刀捅死了3人，对许吾生予以威吓，要他说出武工队的去向和地下党员名单。此时的许吾生，早已将生死置之度外。他毫不畏惧，昂首挺胸，只字不吐。国民党又将许吾生和另外2人匆匆押往冶长泾。

第二天，国民党又以厚禄诱骗许吾生参加"忠义救国军"部队。许吾生坚定地回答："我投了红旗，不投白旗，死也是新四军的人。"恼羞成怒的国民党用刺刀在其身上疯狂地乱捅。许吾生忍着伤痛不断高喊："抗日无罪！""中国人不打中国人！""抗日战争一定会胜利！"怀着对祖国和人民的无限忠诚，年仅28岁的勇士，倒在了"忠义救国军"的屠刀之下。

没有革命先烈的英勇献身，就没有我们现在的和平环境和幸福生活。让我们牢记革命先烈的英雄事迹，学习和传承他们热爱祖国、忠于人民、无私奉献、敢于牺牲的精神，始终保持奋发向上的蓬勃朝气和开拓进取的昂扬锐气，为实现中华民族伟大复兴而不懈努力吧！

烈火英雄周理红

周理红，1976年3月出生于黄埭镇东桥河北街。1996年12月，他抱着一腔爱国热情，积极入伍，来到了上海市消防总队一支队惠南中队，成了一名光荣的消防兵。

1998年8月10日晚上，南汇县祝桥镇东巷花苑发生火灾，周理红和战友们迅速赶赴现场。为尽快控制火势，周理红主动请战，要求强行进入楼内灭火。经指挥员同意后，他迅速戴上氧气面罩，冒着强烈的辐射热和刺鼻的浓烟，手持水枪，在战友的协助下，很快占领了二楼楼梯平台的有利位置，准备进入室内强攻。为了尽快控制火势，他与浓烟烈火激烈搏斗，背部心脏处不幸触及裸露的电线。11日零时58分，经全力抢救无效，壮烈牺牲。他一心想着保卫人民的生命财产，舍生忘死。

刚步入军营的周理红，在自己的日记本上写下了这样一句话："当消防兵是我的人生坐标定位，为社会为人民做贡献……"周理红是这么想的，也是这么做的。刚进新兵连那会儿，尽管他身高有172厘米，但还是显胖，战友们都喜欢叫他"小胖子"。这"胖"自然给训练带来了麻烦，面对消防技能的高标准严要求，周理红豁出去了，他认真操练，从不含糊，一次不行再来一次，还是不行，再练！他的日记本扉页上写着："奋斗是我骨气，成功是我豪情，苦何惧？"

战友们说他很乐观，很幽默，平时喜欢说笑，大家训练累了，他就冒出一两句笑话，缓解大家的疲劳。此外，战友们都说他是个"雷锋"。他家条件一般，但他在不到两年的服役期间却多次捐款，还悉心照料生病的战友。在战友们的心中，他一直是个"老大哥"。

周理红一心扑在训练上，8月10日晚上，刚训练完的他对战友说："真想给家里写封信，告诉爸妈，我训练成绩很好，身体也好，请他们放心。"不料，火灾降临，周理红这一去却再也无法写信了。他的遗物中最多的是书。生前，周理红正在读电视中专企业管理专业，学习特别认真，还想第二年中专毕业后再读大专。

战友们说他还活着。是的，他还活着，活在上海人民的心中，活在家乡人民的心中，活在战友们的心中。当年8月22日，上海市消防局在惠南消防中队召开"深入向周理红同志学习"活动大会。号召全市5000多名公安消防兵向身边的消防英雄学习。与此同时，上海市消防总队政治部追认周理红为中国共产党党员，并追记二等功；公安部批准他为革命烈士。

周理红的母校——东桥中心小学，在他牺牲后，为他举行了庄严肃穆的追悼会，表达了对烈士的哀思和向英雄学习的决心。

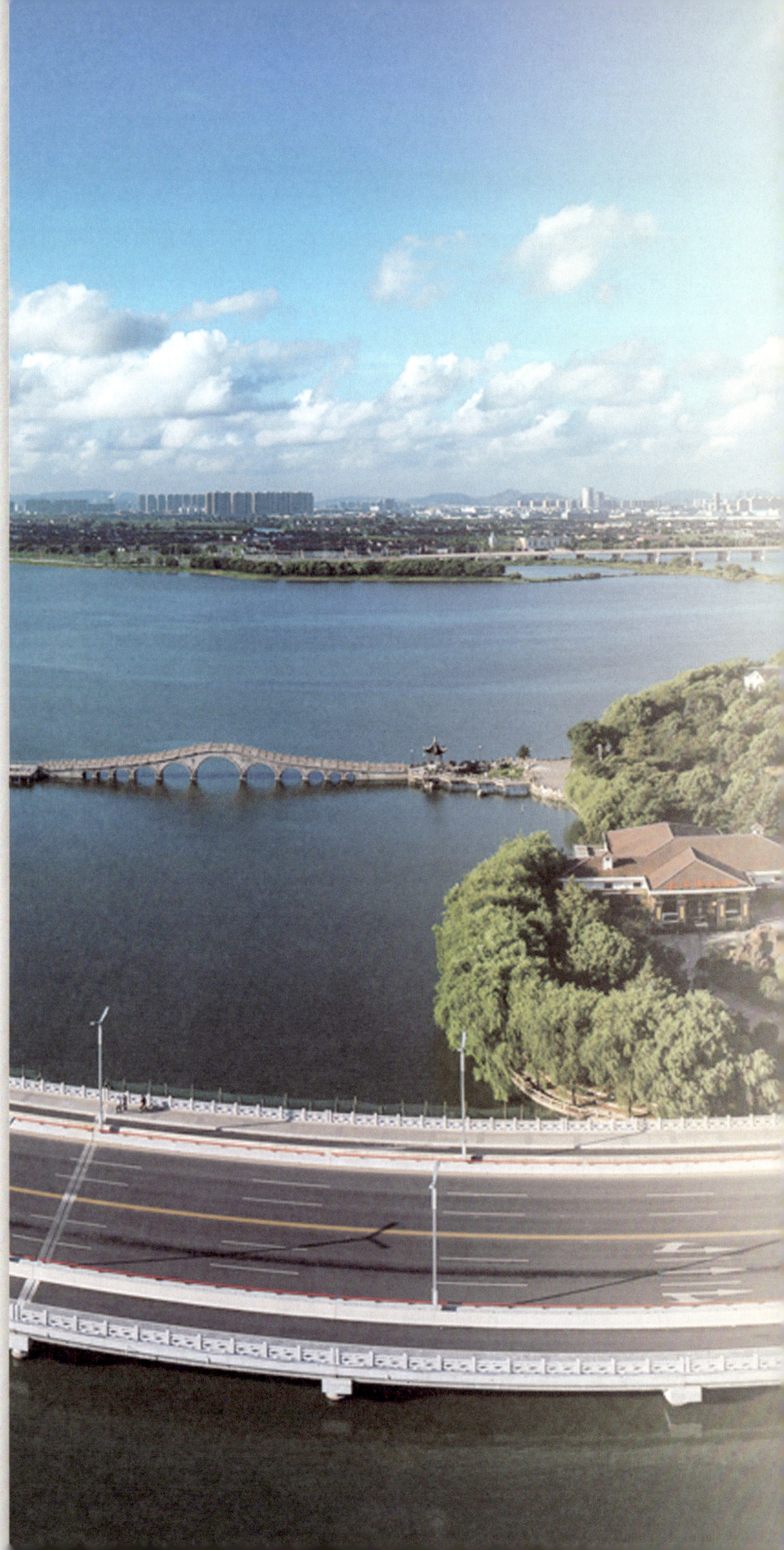

香花桥、寺前弄、熙馀草堂，古街小弄，处处流传着动人的传说，历史与文化在这里沉淀；春申湖、评弹公园、唯园小区，湖清园美，处处洋溢着人文气息，休闲与时尚在这里交融。

徜徉黄隶三里长街，在慢时光里回味千年岁月留下的人间烟火、古典情怀。漫步冯梦龙村，在文化长廊里浸润，体会美丽乡村独有的从容恬静、自然清秀。

一花一草总关情，一石一桥皆风景。

虹波塔影春申湖

春申湖原来叫裴家圩，是春申君筑堤围堰众多遗迹中的一个，是一个面积不足2平方千米的湖泊，位于黄埭镇南端。

2002年，苏州西塘河引水工程实施。2003年，黄埭镇开始对裴家圩围堰抽水取土，在湖北岸的大片滩涂荒地上建湿地水景。经过三年的打磨，裴家圩摇身一变、焕然一新，成了既有江南水乡特色，又有现代欧洲景观特征的开放式公园，名曰春申湖公园。2019年，春申湖公园又迎来了景观提升工程；2020年10月，公园再次对外开放。

修整一新的春申湖公园如一朵睡莲盛开在春申湖畔，入口迎宾区、文娱活动区、滨水漫步区、商业休闲区、文化体验区等区域布局合理美观、功能分明，满足人们对娱乐、休闲、运动等方面的需求。东侧的环形眺望台与西侧的观景塔遥相呼应，是公园里最富特色的景点。镌名巨石、悬挑亲水平台、环形步道、休闲廊架、十二生肖雕塑，错落有致地分布在广场各处。

环看湖岸，这块方圆三千亩的湖泊，水岸或高或低，岸线或曲或直。堤上垂柳依依，竹板搭成的浮桥在莲丛里穿行。湖边有亭，有五孔拱桥，有鹅卵小径纵

横交错，还有九拐十八弯、五颜六色的植被绚丽多彩、浑然天成。

近看湖面，春申湖极致地演绎出水的秀气。湖面如一匹光滑的绸，绿的树、白的云倒映其中，变幻出一幅半透明的画。一艘艘木船，一群怡然自得的村夫村姑，一片片竹桨划起，甜美的笑声在湖面荡漾。丝丝垂柳在波光粼粼的湖面上摇曳，白鹭衔着春光贴着水面飞翔，湖中心灯塔的倒影在水中起伏着。观赏着"虹波塔影"，人们不由得想起平静的港湾或是恬静的清晨。如此美景让人心旷神怡。

远眺湖外，"岸芷汀兰，郁郁青青"，鸥飞鹭舞，水天一色。举目四望，近处风起荷舞，远处烟树迷离，玉带桥像长虹一般横卧于春申湖，正是长桥卧波，委婉圆润，优美飘逸。村庄、田野，还有阳光，宁静祥和，空气里只有春申湖清新的气息。

"听得春花秋月语，必先识得如云似水心。"春申湖是自然的，其自然在于水光潋滟，在于花草树木，就像一幅自然风光长卷，从眼前展至湖天深处；春申湖也是有文化的，其文化在于遗迹旧物，在于千年的历史文脉；春申湖更是亲民的，其亲民性在于湖畔的无拘无束，在于顺心随意、平静淡然……

一花一世界，一木一浮生，一草一天堂……春申湖如一则宋词小令，书写着春申君黄歇筑堰成埭的迷人传奇；春申湖又如一篇精致的散文小品，描绘着当代黄埭人砥砺前行的新世纪风貌。

十八古景三里街

"金荡口，银黄埭，白铁皮皮浒墅关。"黄埭是个有着2500多年历史的江南古镇。

黄埭老街俗称三里长街，东起斗姆阁，西至埭西大桥，全长1372米。银黄埭之繁华名不虚传，民国时期，百店琳琅，千叶小舟云集，八方商贾过往。据记载，河上原有古桥13座，其中跨河桥8座，街道连接桥5座，具有典型的"小桥、流水、人家"的水乡古镇风貌。三里长街是最有生活气息的风情老街，名噪一时的"黄埭十八景"就分布在这条长街附近。

三里长街东起斗姆阁，古时的庙桥北桥堍对着的就是百年老校黄埭中心小学。过小学往西走，斑驳的粉墙间是一条条小弄，油车弄、王家弄、费家弄……这些街弄依旧保持着古朴的面貌，街弄之间随处可见的古井、花窗、栅板……诉说着古镇千年的沧桑。

过安桥浜就来到了黄埭老街的中心——河渎桥。这是一座横跨东西的街桥，旧时有"沪渎渔舟落水篙"一景。河渎桥往西是方桥，再走一段街是中市桥，这一段街市旧时是繁华之地，曾有许多百年老字号店铺，"生意兴隆中市桥"名副其实。沿河小巷细细长长，像无风时静静垂下来的柳条儿，又像一管等待奏响清亮乐曲的竹笛。

中市桥往西，没走几步，抬头便看见一座老房子。红漆木门，黑色小圆瓦，这就是建于清道光三十年（1850）的熙馀草堂，是本地乡绅朱福熙的宅院，由香山帮工匠精心营造而成。2005年，熙馀草堂被列为苏州市文物保护单位。

继续朝西走，看见路面上嵌着两条长方形的石块，桥面上有"洪墓桥"三个字。相传仙人刘海曾经过此桥，在石头上留下一个巨大的足印，这便是"黄埭十八景"之一的"仙人脚印洪墓桥"。

再走几十米，就是位于黄埭老街西首的兴国寺的旧址。东吴年间兴建的兴国寺，如今庙门还在，就在香花桥北堍。兴国寺现移址到黄埭老街的东首、原"黄埭十八景"之一的斗姆阁原址上，在埭东大桥的东侧，黄埭荡的北面。兴国寺旧址上建成了有名的学府——江苏省黄埭中学。正对着兴国寺旧址的香花桥还在，桥上至今仍留有宋代武康石构件。香花桥当然也是"黄埭十八景"之一，还是镇上唯一现存的古桥。

"慢橹摇船捕醉鱼，鸬鹚两头坐。"旧日水乡风光渐渐淡出人们的视线；树影斑驳、烟火袅袅的古镇生活也成了回不去的旧时光。古朴的三里长街，以及"黄埭十八景"，带着美丽的传说，吸引着远道而来的人们……

恩泽流芳春申庙

春申君庙位于现黄埭镇胡桥村西部，是为纪念战国四公子之一的春申君黄歇所设。"黄埭"就是因春申君在此兴修水利、筑堤成堰而得名。造福于民、受民敬重的春申君被当地百姓奉为土谷神。

历史上东桥境内曾有两座春申君庙。春申君主庙在东桥镇西首，相传始建于东汉末年，历经1800余年，屡遭毁损，反复兴废。清嘉庆十二年（1807），布政司奉皇命敕建春申君分庙，地址在东桥龙安审事桥。春申君主庙和春申君分庙均毁于20世纪五六十年代。此后，庙宇虽已不存，但人们在老庙基上自发搭建起简易小屋，仍依照旧例进行着各种祭祀活动。

为顺应民意，也为更好地传承春申君文化，2015年2月8日，在区委统战部（区民宗局）的指导下，在胡桥村村民的捐助下，庙宇重建工作正式奠基开工。经过一年多的努力，于2016年底完成了一期基础建设，并于2017年春节期间过渡使用。

新建的春申君庙布局合理，结构规范。庙前是一座三门开的大牌楼，牌楼上"春申君庙"四个金色大字熠熠生辉。石柱上有楹联：辅国持政驰骋楚台展雄才，修堰筑埭治水江东传芳名。这是对春申君一生丰功伟绩的高度概括。

穿过牌楼后的广场，就是飞檐翘脊、黑瓦红墙的春申君庙。中间高的建筑俗称山门，意即正门，山门口蹲着两只石狮子，更显庄严威武。两旁是对称的建筑，各是一座偏殿。

过山门，就来到了正殿，朱红色的墙壁中是一根根大红色的柱子。正殿正中是春申君坐像,身着大红袍,披着蓝斗篷,手握朝板,气宇轩昂。他的左右两侧站着两名判官,似乎随时准备记录文案。像前设置供桌、香炉。正殿顶部是象征道教的仙鹤图案。

正殿东西两侧是两层楼的偏殿,式样与正殿相似。东西偏殿间的厢房有回廊相连。偏殿里供奉着黄埭四乡八邻信奉的各路神佛。

每逢初一、十五,远近香客不约而同齐聚一堂,敬香祭拜,因而春申君庙一直都是香火鼎盛。千载时光悠悠,先人已逝,但他兴建的水利还在造福一方,他的精神还在影响着后代子民,一座春申君庙传承着历史文化,也传承着爱国爱民、造福百姓的可贵精神。

古韵今风春秋路

苏州中环太阳路出口往西连着一条宽敞的路，那就是环春申湖的春秋路，该出口是中环进入黄埭的东门户。

修整一新的春秋路真给人"高大上"的感觉，双向六车道纵贯东西，两侧是非机动车道、人行道和景观带。春申湖边是丽岛别墅、融创81栋、冠城水岸、建邦唯苑等别墅、住宅小区形成的宜居黄埭板块。近几年新建的普禧观澜、锦绣花城、中翔生活广场等楼盘鳞次栉比，为春申湖畔增添了热闹和繁华。

白天，春秋路上的各色车辆川流不息，载着人们对生活的希冀和追求奔赴四面八方。建筑工地上隆隆的机器声预示着新的景观、新的高楼正在崛起。崭新的停车站上"新乡邻，银黄埭"的电子广告屏吸引着人们的目光，匆忙赶路的行人会在站台亭子下小憩一会儿。路两侧的景观有着苏式园林的风韵；铺设着彩砖的人行道在绿化带中蜿蜒而去，有着曲径通幽的妙趣。宽阔的绿化带中间隔出一条长廊或一座亭子，散步的人们时不时与江南园林撞个满怀。细长的香樟树和低矮的红枫树错落有致，开着粉色花朵的樱花树和茂盛碧绿的桂花树相映成趣，红色的映山红和紫色的薰衣草点缀在草坪中……花与树，路与桥，人与车，融入扑面而来的现代化气息中。

夜晚的春秋路彩灯齐放，更显一派迷人的景象。春秋路两旁高楼上的万家灯火、连绵不断的路灯、川流不息的车灯、草坪中的射灯，如繁星从半空依次撒落下来。忙碌了一天的人们，在夜幕中踏上了春秋路，休闲观景的，跑步锻炼的，溜旱冰的……此时的春秋路彰显出无限的生机和魅力。路旁的春申湖公园更是成了灯的世界、人的海洋。迎着微风，站在湖畔望一望宁静夜空，听一听那大鸟小虫的低吟浅唱，忙碌了一天的人们，真切地感受到了生活的美好。

春秋路东接中环快速道，西连沪宁高速，南与312国道隔河相望，北与太东路并驾齐驱。如今，它已成为黄埭镇的主干道，见证着家乡的发展与繁荣。春秋路，一条普普通通的乡村公路，却是古镇黄埭一道亮丽的风景线，它从春秋时期延伸到现代，从乡村延伸到城市，从古朴延伸到时尚，从平凡延伸到辉煌。春秋路，载着春申君黄歇筑堤成堰的风云传奇，载着黄埭人民对美好生活的不懈追求，向着未来延伸，延伸……

水墨清韵醉唯园

　　建邦·唯园是一个中式别墅小区，坐落于相城区黄埭镇，南临美丽的春申湖，北靠春秋大道。粉墙黛瓦、街巷小弄、亭台楼阁、小桥流水……唯园诠释着现代生活的江南韵味。雨中芭蕉、映日荷花、摇曳修竹、飘香桂花……处处洋溢着古典情趣。

　　跨进唯园有着冰凌花窗的大门，映入眼帘的是一片水域。湖心亭孤立于水面之上，用汀步石连接到岸边，是主入口观景平台的主要景观。每到夏季，满池荷花，"接天莲叶无穷碧，映日荷花别样红"，粉红的荷花摇曳于碧叶丛中，亭亭玉立，分外娇妍可爱。

　　湖心亭连着中央景观轴，一条人工开凿的小溪由北向南流向春申湖，犹如卧龙蜿蜒。深入小区，目光随着曲曲折折、柳暗花明的青石小径延伸至树林深处。

站在小石桥上，视线又被引向青翠的竹梢和蓝天白云间，真可谓"清风明月本无价，近水远山皆有情"。

沿着中央水景，踏着青石小径，跨过石桥，便来到了小区南面的又一处景点——双香湾，这是桂与莲并香的水湾。这里北有大片桂花，南有大池莲花，让人不由得想起"春有百花秋有月，夏有凉风冬有雪"。

过双香湾往南走，就来到了小区最南端的春申湖。湖畔是大片的绿化，垂柳拂面，芦苇摇曳；湖面波光粼粼，白鹭纷飞。走累了，可以在响月廊长椅上小憩片刻。

唯园处处是景，移步换景，水佩风来、对弈广场、椿萱并茂、停云小憩等20多处景观让人寻寻觅觅。当穿梭于弯弯曲曲的小弄中，踏着湿润的青石板路时，江南园林之美会在柳暗花明的刹那之间与你相遇。

在唯园中穿行，一条条青石小径趣味横生，有的连接着路，有的连接着景。穿梭于小径探幽、寻觅，时时会豁然开朗，充满乐趣。

唯园，包含着很多园林建筑原理，运用了大量的中式符号、江南水景元素。每一栋房子都有前庭、中庭、后院，考虑了通风采光，融合了中国传统文化元素。院落虽小，却也有"曲径通幽"的含蓄；房子不大，却也有"错落有致"的韵味。房前屋后栽种的梅、兰、竹、菊，更让人有超乎物外之感。

徜徉在春申湖畔，听着草丛中的昆虫奏鸣曲，欣赏着鸟语花香、小桥流水，胸中氤氲起古典的情趣，风动竹林，心静于园，身藏于世。在唯园，体会时间冲不淡的苏式情怀。

东桥立交通四方

伴随着日盛一日的城乡一体化进程，一座座造型别致的高架立交桥在黄埭镇拔地而起，成为彰显现代化城镇风貌的新地标。

"若要富，先铺路"，历史上开筑的水路（大运河）、公路（312国道的前身）、铁路都和东桥擦肩而过，东桥没能赶上机遇。1987年，国家决定兴建沪宁高速公路，规划中有6千米经过东桥。1996年，沪宁高速东桥立交终于建成通车。当时黄埭镇内设有苏州绕城高速立交道口，与之衔接的沪宁高速东桥立交枢纽成为目前沪宁线上最大的立交枢纽。这在黄埭城市道路建设史上是颇具开创性的壮举。

行车至东桥立交，便见六车道的收费站口车来车往，橘红色的顶棚像一只展翅飞翔的大雁。过收费站顺时针绕一圈，就进入了苏州绕城高速。绕城高速接通沪宁高速，另有两个岔口，一个向南驶向太湖的东山、西山，一个向东往太仓、昆山方向。三条公路迂回盘旋，像舞动的彩绸，更像蜿蜒曲折的巨龙盘伏着。

俯瞰东桥立交，它像一个如意结，四面八方的车辆在桥上转换。交会点建造的枢纽工程，巧妙地编织出错落相连的路网，黄埭交通由此从平面走向立体。航拍器凌空俯拍，从这个视角来欣赏东桥立交桥与周围的乡村、田野、湖泊、公园等的交会与融合，是那么的和谐美观，让人真正领悟到"建筑是凝固的音乐"的内涵。

沪宁高速东桥立交这一口子，是黄埭内外连通的脉络，给黄埭输入了新鲜血液。收费站东面是一栋栋厂房，彰显着乡村经济的蓬勃发展；收费站西面那一排高高的路灯，还有树木草坪、各色花卉，从多个角度衬托出道路的整洁美观。这些都折射出一个江南城镇的精神内涵和文化底蕴，凝聚了许许多多建设者的汗水和智慧。

交通的便捷带来经济的发展，东桥立交是黄埭走向现代化的历史丰碑，改变了东桥"挨着铁路无车站，沿着运河无码头，靠着公路难上路"的旧面貌。通车后，一向默默无闻的东桥成为沪宁线上的一颗明珠。

雅韵悠长评弹园

"说书跑码头，能过黄埭关，就算有本事了。"这是评弹名家严雪亭说的。历史上的黄埭是有名的书码头，最兴旺的时候，三里长街曾有叙园、万福园、三景园等9爿书场。

黄埭书场早在清朝同治年间就有了，至今已有100多年的历史，被称为"百年书场"，是苏州最古老的民间评弹书场，深受黄埭人的青睐。

书场旁的大厅就是黄埭评弹陈列馆，馆内古色古香，处处精心布置。生动逼真的微缩彩塑正是当年的盛景再现；几百张老照片生动记录了清末起到过黄埭书场的46位评弹名家，有曹汉昌、徐云志、严雪亭、黄异庵等，图文并茂。黄埭镇也是评弹名家辈出之地。陈列馆里还展出了夏云泉、程大坤、薛曼芳等人的演出资料。

"窈窕风流杜十娘，自怜身落在平康。她是落花无主随风舞，飞絮飘零泪数

行……"穿行在古镇的大街小巷，琵琶叮咚的评弹之声从一栋栋老宅里飘出。这是黄埭著名评弹创作家朱恶紫先生创作的弹词开篇《杜十娘》，由评弹艺术家蒋月泉先生唱响，在苏锡杭地区家喻户晓。朱恶紫先生60余年间创作了100余篇弹词开篇，代表作有《杜十娘》《貂蝉拜月》《金玉奴棒打薄情郎》等，为黄埭的文化事业做出了巨大的贡献，在苏州评弹艺术的发展史上留下了璀璨的一页。

为再现"吴门第一书码头"的盛景，打响"评弹之乡 品味黄埭"的招牌，将在裴阳路和春丰路的交界处，建造黄埭评弹公园。黄埭评弹公园也是"春申西塘 梦里水乡"景区的景点之一。

"三弦琵琶唱古今，书味茶味两相融。"即将落成的黄埭评弹公园傍着小溪，有粉墙黛瓦的建筑，绿草如茵的草坪，朱红色的九曲回廊。湖边竖着的巨石上"吴门第一书码头"几个红色大字在阳光下熠熠生辉。黄埭评弹公园以评弹的学艺过程为主故事线，结合场景雕塑、演绎广场、互动小品等再现评弹历史文化。公园内将新建黄埭百年书场、黄埭评弹博物馆、评弹体验馆等场馆。

黄埭评弹公园既是一个文化公园，也是一个休闲公园，历史和文化在这里交融，古典与时尚在这里共生。可以想象：园内花草树木井然有序，亭台楼阁掩映其间，吴侬软语乡情乡韵的评弹之声在空中回荡，给游客们带来一场场苏州文化的视听盛宴。

桃李耕耘乡师园

　　乡师园，在吴县县立乡村师范旧址，也由此得名。它是江苏省黄埭中学历经90多年风雨得以保存的一个精神家园。

　　乡师园内有亭、台、廊、阁、池、山石、植物等苏州园林的构成要素，全部建筑呈现明清风貌，蕴含中国传统文化元素。楹联碑刻，花木点缀。漫步其间，顿觉心旷神怡，古韵盈胸。

　　来到圆拱形主门前，"乡师园"三个大字古朴苍劲，走进主门，就看到了学校创始人沈炳魁先生半身石雕像，静静地伫立在园中。透过金丝边眼镜，沈先生的目光平和深邃，似乎既在回顾着过去，又在注视着现在，还在展望着未来。

　　园门口是沈亭，与沈亭紧紧相连的平房名为味之堂，取沈炳魁先生字"味之"来命名。后边的两层楼名孙洵阁，是为纪念启新时期的校长孙洵先生。园的西南角，依墙设一个半亭，名介一亭，是纪念为建校做出重要贡献的民国时期黄埭镇镇长钱介一先生。西边的长廊名为根源长廊，是为纪念同盟会元老、爱国名将、朱德恩师、吴县县立乡村师范名誉校长李根源先生。他们或为学校的创建奠基，或为学校的发展尽力，使埭中"教育兴邦"的精神代代相传。90多年来，一代代埭中人勤恳耕耘。乡师园里走出了一大批学有所成、功绩卓著的优秀学子。

乡师园处处流淌着文化的气息。金钩长廊紧依金钩河，一方水塘里耸立着太湖石，游鱼戏水，自由自在。长廊上有一匾，是谭以文手书：授渔潭。根源长廊的墙上放置了数十块书法碑刻，选取与教育有关的历代先贤名句，采集启功、沈鹏、李铎等20多位当代书法大家手迹勒石而成，字体不一，各有特点，让人驻足流连，静思默想。那些充满着书卷气的诗文题刻与园内的建筑、山水、花木自然和谐地糅合在一起，使园内的一山一水、一草一木均能生出悠远的意境。

如今，乡师园修葺一新，被辟为沈民义艺术馆。沈民义先生是埭中1957届毕业生，长期从事版画、国画创作，在国内外颇负盛名。他不忘桑梓，对母校有真挚的情感，向母校捐赠了400多件作品。这些作品陈列在乡师园里，供学生参观学习，使历经90多年沧桑的埭中在薪火相传中具有更浓郁的文化氛围，焕发出更活泼的生命能量。

千年古刹兴国寺

　　黄埭是有2500多年历史的江南古镇。随着时光流逝，历史沿革，沧海桑田，古镇的风貌已几经变幻。古镇曾有的许多庙宇道观，已湮灭于历史的变迁中。

　　历史上黄埭镇有大庙、小庙，大庙是位于镇西的兴国寺，小庙是位于镇东的石崇大王庙。

　　兴国寺又称兴国教寺、兴国禅寺，位于老街西街香花桥北堍。清同治年间《苏州府志》记载，三国吴赤乌四年（241），郡人叶氏梦僧求一锥地，遂舍宅建寺。唐、宋、元、明至清，兴国寺几经毁坏和修复。1929年，吴县县立中学附设师范班从沧浪亭北迁到兴国寺，并改名为吴县县立乡村师范学校。新中国成立初，兴国寺基本完好。1958年秋，学校增设高中部，改名吴县黄埭中学。"文化大革命"期间，寺内大雄宝殿被全部拆除，原址上建起镇办吴县塑

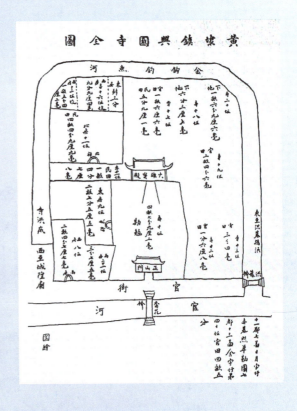

料三厂。至此,兴国寺彻底消失。

据历史记载,曾经的兴国寺气势宏伟、香火鼎盛,占地20亩许。走进兴国寺,大门两旁是坐着的四大金刚塑像。再进入便是院子,地面用方形青砖铺成,周围有石栏,院子中央有铁质香炉一只,高2米许。穿过院子便是兴国寺主殿大雄宝殿。殿内有大铜钟一口(东南角)及宝船一艘(西南角)。大雄宝殿东、西两侧及北面还有许多佛堂与寮房。

虽然兴国寺沉寂了近半个世纪,但古镇人世世代代延续着对它的记忆。现在每逢初一和十五,善男信女们便一大清早从各个村落、各个社区,云集在黄埭中学南门两侧、香花桥下,烧香祭拜,虔诚祈福。

近年来,黄埭镇政府致力于古镇的保护和开发。兴国寺作为"黄埭十八景"之一,已开始了重建工作,现移址到黄埭镇的东首、"黄埭十八景"之一的斗姆阁原址上,在埭东大桥的东侧,黄埭荡的北面。2020年11月进行了隆重的重建启动仪式。

再过两三年,千年古刹兴国寺将以崭新的面貌矗立在埭川之滨。

美食篇

一盘清香的黄埭西瓜子，一卷细长的『银燕』牌挂面，一碗热气腾腾的挑担豆腐花……那些和感情、记忆有关的食物，既是黄埭的味道，也是黄埭的情怀。煎炸烹煮，细煨慢炖，酸甜苦辣，百态人间。

这些和黄埭有关的味道，往往是连接情感的纽带，传递着浓浓的情思，讲述着精彩的故事……无论是黄埭的海棠糕，还是小孙家的糕团；无论是埭川的响鳝，还是翁家的面……

味至浓时是故乡，情至深处是黄埭。

天福瓜子顶呱呱

相城小吃众多，广受欢迎的有湘城麻饼、津津豆腐干、黄埭西瓜子。

黄埭西瓜子，又称黄埭玫瑰香水西瓜子，由黄埭镇人殷福熙发明，至今已有130多年的历史。1927年，"天福"牌黄埭西瓜子参加杭州西湖博览会，获得了优胜奖，从此声名远扬。其间，黄埭西瓜子经历过两次更名，始终不离"天福"二字。2007年，"天福"牌黄埭西瓜子成为中华老字号。2013年，黄埭西瓜子炒制工艺被列为苏州市非物质文化遗产。

说起黄埭西瓜子的做工，它可比一般的瓜子要讲究得多。

首先，拣选的瓜子要大小适中，颗粒饱满，无秕籽、无翘弯。其次，把瓜子放在大竹箩中淘洗干净，翻炒均匀，做到熟而不焦。最后，将炒好的瓜子放入柳条笆斗内，倒入适量的白色玫瑰食用香油，来回颠拌。

新鲜出炉的瓜子，有一阵玫瑰的清香扑鼻而来，沁人心脾。再看那油光乌亮、粒粒饱满松脆的样子，令人忍不住想要立马尝一尝。只需轻轻一磕，瓜子壳立分三片，壳、籽分明。这时，玫瑰的清香四散开来，萦绕在舌尖，让人回味无穷。

关于这款美食，还有一个传说。相传有一位嗜好吃零食的吴县知县，在他60岁做寿时，各镇商贾都送了当地具有特色的美味小食作为寿礼，只有黄埭镇吴家老板没有拿出有本镇特色的食品。吴家老板受到知县的冷嘲热讽后，下决心要做出一样像样的黄埭特色小吃来。后来，他外出拜师学艺，遇到了一位僧人，吴家老板无意间将自己的想法告诉了他。巧的是，那僧人能炒制玫瑰香水味的西瓜子。僧人听了吴家老板的话，深受感动，决定将炒瓜子的独门秘方都传于他。吴家老板回到家乡后开了一家西瓜子手工作坊店，他仔细研究僧人给他的配方，同时派人到山东胶县采办当地的西瓜子作为原料。他把作坊店炒出的第一批瓜子送给知县做寿礼。知县嗑了一颗瓜子后，连连点头称赞。吴家老板轻声问道："黄埭人怎么样？"知县答道："黄埭人聪明有志气。"

香甜绵软海棠糕

　　海棠糕是苏州地区的传统糕点，始于清代。据民间所传，黄埭的海棠糕是20世纪60年代从吴江传入的。黄埭海棠糕的第一代制作者姓施，第二代姓瞿，现在市场上的制作经营者已经是第三代了。

　　海棠糕的外形呈海棠花形，绛紫色，仿佛一朵朵绽放的海棠花，生机盎然。海棠糕的原料有面粉（拌成浆）、赤豆沙、猪板油、西瓜子仁或花生仁、红绿色冬瓜丝、白糖等。烘烤时表面撒上饴糖，上面再撒芝麻、瓜仁、果丝等辅料点缀。

吃海棠糕可是一件有腔有调的事。刚出锅的海棠糕热气腾腾、焦香四溢，令人食指大动。细腻而又丰富的馅料混合着浓郁的花香，一口咬下立马溢出的猪油伴着脆脆甜甜的焦糖，唇齿间尽是回忆的味道和温度。

　　吃海棠糕是一种味蕾的享受，观看师傅制作海棠糕又有另外一番趣味。黄埭海棠糕的出售摊位设在菜市场的北门，据制作海棠糕的老师傅说，这项传统的手艺他们已经传承了近20年。每天早上五点多便出摊，生意好的时候常常要忙到上午七八点才结束，收摊的时间视情况而定。所以能不能买到、吃到，有时候也要碰点运气呢！这里往来的顾客一般都是熟客，有老有少。因为每次只能烘烤六个，所以尽管师傅手艺娴熟、快乐地忙个不停，排队等候的人还是不少。

　　黄埭海棠糕备受黄埭人的青睐，小小的糕点看似不起眼，却是很多老人小孩的心头好，给人们带来了舌尖上的享受。

银燕挂面有乾坤

　　元曲四大家之一的白朴有词言："啼莺舞燕，小桥流水飞红。"燕子的形象可爱可亲。小桥流水的江南古镇——黄埭，有只"燕子"也已飞舞了25年，它就是黄埭粮食面粉加工厂生产的"银燕"牌挂面。

　　黄埭粮食面粉加工厂的老板本来做的是珍珠生意，1996年毅然改行开办了黄埭粮食面粉加工厂。加工厂是前店后坊式，每天早上四五点开始，轧面车间里会源源不断地把上好的优质麦粒通过一道道工序,加工成挂面。现做现卖,原料好、工艺精、价格实惠,让黄埭挂面渐渐做出了名气。

1998年,面粉销量大减。作为当时的小厂,黄埭粮食面粉加工厂动足了脑筋——要生存且立足,必须有自己的特色。本可以增加挂面产量,但市场上方便面又大为盛行。反复权衡以后,决定采用简单方便的面条形式,既能满足快节奏的生活需求,又能保证传统的口味。主产两种挂面,一种是宽面,另一种是号称"龙须"的细面。面条长度统一为24厘米,厂里定制了统一的包装袋,客人买了面正好一手提溜着。此外,厂里还按一定规格包装了面粉,价格统一,老少无欺。

制作挂面工序十分讲究:首先是精选面粉,原料都是苏州昆山、太仓、吴江、常熟等地生产的红麦,红麦碾成的面粉是做面条的最佳用料;其次是精心烘制,用精心挑选的小麦品种,自己加工,控制好水分、温度,把控好蒸汽烘干,保质保量出产品。

"银燕"牌挂面面汤清爽不浑,吃口香滑有劲道。"是生面也是干面,比较耐存放",这是食客们的中肯评价。因此,该款挂面风靡全市,购买的顾客络绎不绝。坐着公交车到黄埭去买挂面是苏州古城阿姨们的日常趣事。如今,已近古稀之年的陆老板让贤给小辈,由大女儿陆平英接手了业务,加工厂也有了新名称——古月食品制造有限公司。

银燕既展翅,但愿更久远。

埭川响鳝好滋味

　　埭川饭店是黄埭人邹根泉于1935年创办的，原址在黄埭老街河渎桥西堍，门面三开间两层楼房。邹根泉擅长烹饪，"响油鳝糊"是他的招牌菜。黄埭人常常念叨的"埭川响鳝"指的便是这道菜。这道菜的名气就和它的名字一样，是非常响亮的。坊间有"角直吃到'一身债'（一升斋的谐音），黄埭吃到袋袋穿（埭川的谐音）"的调侃，以形容这两家名店厨师厨艺高超、菜肴可口。埭川饭店以响油鳝糊、红烧酱方、地道湖鲜等享誉远近。

　　"响鳝"之"响"，就是因为这道菜使用了大量的热油，以至于菜上桌之后，碗里的油依然是嗞嗞作响。那油跳动着发出的噼里啪啦的声音，首先给人以听觉上的享受；再闻到一股浓烈的油香味，人的食欲一下子就打开了。这道菜不仅用了食用油，还用了大量的香油，所以成菜真的是浓香四溢，料佳味美。

　　响油鳝糊的取材十分讲究，做法十分精细。将粗细适中的活黄鳝放入沸水中浸泡5分钟左右，用清水去其黏液；用自制的牙刀或竹片刀将黄鳝去头、去尾，划成鳝丝，然后洗净滤干；将鳝丝倒入热油锅中翻炒2分钟左右，后用高汤煮烧，使鳝丝至八成熟，再加入适量的酱油、酒、糖、盐、味精等作料，出锅；装盘后在鳝丝上放蒜末、姜末或姜丝、火腿末、鸡肉末等；端上桌后用热菜油浇泼，这时鳝丝会发出噼里啪啦的响声，所以被称为响油鳝糊。

　　可别小瞧这一盘热腾腾的鳝糊，考验的可是厨师的真本事。给烧熟的黄鳝

脱骨可不是随便什么人都能干的活儿：黄鳝的肉质很软，稍微用一点力气，很可能肉就碎了，那么里面的鲜味也全都会流失掉。所以，这道菜是否成功，放在桌上是肉眼可见的。

响油鳝糊一上桌，便浓香扑鼻。黄鳝完全剔除了骨头，一点小刺也没有。吃起来味道非常鲜美，而且肉质十分软嫩，放入口中，舌尖一抿，肉几乎就化开了。高汤的鲜美滋味会随着软嫩的黄鳝肉一起充斥口腔，让人惊叹自己难道真的只是在吃黄鳝肉。

埭川饭店已不存在，响油鳝糊和埭川味道，由饭店的老员工传承了下来，至今不绝。

劲道可口翁家面

翁家面，顾名思义，即翁家的面。创始人老翁，是黄埭本地人。

改革开放初期，老翁准备自己开店。他跑遍各大老字号商铺，品尝各类面食，最后摸索着开出了最早的"快乐面店"，地址就在黄埭中学南大门对面。地利人和，黄埭中学的师生是价廉物美的翁家面店的常客。名校门口的翁家面，因经营厚道、味道好，成了黄埭名店。

"快乐面店"陪着黄埭一代人长大。后来，老翁的长子另立门户，开了个点心店，叫"翁大点心店"，推出的蹄髈面货真价实，深受食客赞誉。小儿子用本名翁翔星开出了"翔星面馆"。其实，翔星面馆是从父亲手上接过的老面店。凭着父辈积攒下的名声，翁翔星在镇上继续做着面店生意。面店最早开在老镇上，当时的位置就在黄埭中学隔壁。从1981年翁老开创"快乐面店"至今40年的时光，小小的面摊早已经扩大成了面馆。

如今，搬迁至黄埭镇南新街路口的"翔星面馆"，门面装修低调，但在镇上早已家喻户晓。吃面的食客说自己从上中学就开始吃，现在带着自己的孩子来吃。与其他面店不同，这里没人为你服务，自己点的面要自己到窗口取。每天早晨7点开始，面馆里就人声鼎沸，煮面的人都没有丝毫的休息时间。

翁家面的做法与一般的面无多大差异。用大锅将水煮沸，迅速抓取等量面条放入锅内。根据食客对面条软硬程度的要求，煮3~5分钟，及时捞取面条放进

调好汤汁的面碗，舀上浇头。同样的动作，煮面师傅每天要重复三五百次，人多的时候甚至四五碗面条同时下。生意好时，排队点餐、等位都是常有的事情。

然而，要说翁家面的特色，那就非其汤底莫属了。翁家面好吃的秘诀似乎也在这一碗用肉骨头慢慢熬制的汤底中。它的味道醇正、鲜美，是纯粹的肉汤味道。从口感来说，这家店的面完全不像粤式碱水面那样有劲道，反而要软烂很多。它拥有苏式面滑溜好吸的特点，绵软中不失汤底的浓郁鲜美，一碗下肚，真是酣畅淋漓！

萝卜丝饼香酥脆

黄埭的萝卜丝饼可以算是一种传统风味小吃。

萝卜丝饼店位于中市桥南堍，毗邻黄埭老街。与其叫店，不如叫摊更合适。门面很小，朝西，两只煤炉，一只小板凳，煤炉上架着两口锅。这是它的全部家当。经过人流如潮的中市路，很容易便忽视了这家店的存在。但是，倘若你慢慢走，你一定会被空气中的油香所吸引，不自觉地停下脚步。这种热腾腾的香

味，是黄埭镇许多中老年人的回忆，也伴着黄埭老街经历了几十年的光阴变迁。

萝卜丝饼吸引的绝不仅仅是老一辈们，还有许多的中小学生。每天放学后，学生们围在熟悉的摊位前瞅着油锅翻滚，那泛着油光的萝卜丝饼，让人垂涎欲滴。

它的做法也很简单：一个个水灵灵的白萝卜去皮擦丝，加入少许盐腌制出水，挤干水分；再将面粉加水，调成稀糊状；接着，在面糊中加入萝卜丝、盐等辅料，拌匀；最后，在锅中放少许油，用勺子舀一勺面糊放入，用勺背轻压成饼状，中火将饼煎到两面金黄。

刚出锅的萝卜丝饼金黄酥脆，内里满满的萝卜丝馅儿，雪白中透着几点葱花的绿。一口咬下去，焦香酥脆，晶莹的萝卜丝还渗出清甜的汁水，让人感受到满满的幸福。

黄埭这家萝卜丝饼店的老板姓谭。据老板说，最早经营这门手艺的是他的母亲，传到他这里是第二代，经历了30多年光阴。老板自家住在黄埭老街，即这家小小门店的后面。20世纪80年代刚起步时，这家萝卜丝饼店的门面比现在的还要小，经过搬迁、整顿，扩展到如今的模样。30多年来，萝卜丝饼的价钱也从几分钱一个涨到了现在的一块五毛钱一个，唯一不变的是那深刻在记忆里的味道。

小孙糕团软糯香

在黄埭镇上，一家经营了近40年的糕团店远近闻名，它就是位于方桥路与黄埭大街交叉路口的小孙糕团店。

糕团店创始人姓王，叫王再华，土生土长的黄埭人。创业初期，王再华特地出去拜师学艺，其师傅正是苏州老字号黄天源糕团的手艺人。学成归来，王再华在黄埭开出了第一家老汤糕团店。老汤糕团店迅速赢得了本地人的青睐，一开就开了30年。经营糕团店要起早贪黑，十分辛苦，其中的艰辛不是一般人所能承受的。王再华不忍这门手艺失传，于是将它传给了特别能吃苦耐劳的侄女婿孙杰。老汤糕团店由此改名为小孙糕团店，经多年经营，成为当地一块响亮的招牌。

小孙糕团店经营的种类繁多。红猪油糕、白猪油糕、桂花糕、肉团子、芝麻团子等是最常见的糕团，还有一些则应时令而做，如清明节的青团子、重阳节的重阳糕、过年时的年糕以及农历廿四夜吃的萝卜丝团子。另外还有一些糕团是应客人需求定做的，如龙凤糕、方糕、糖年糕等。不同的季节，小孙糕团店总会上新不同的时令糕团，苏州人"不时不食"的美食理念在这里得到了完美诠释。

新鲜出炉的手工糕点，松软黏糯。最受欢迎的非猪油糕和肉团子莫属。制作肉团子的方法很简单：将糯米淘好晒干，打磨成细腻柔滑的糯米粉，再加水揉成形；肉馅则是精选的猪前腿肉；制作过程中放入适量的调料，再将揉成形的团子放入竹笼中蒸二十分钟左右。这样制作出来的肉团子纯天然、无添加，非常受欢迎，往往不到半天就售罄了。猪油糕则是小孙糕团店的招牌，红猪油糕是甜的，白猪油糕是咸的，满足了不同的口味需求。别看这一方方小小的猪油糕，做起来可十分见功夫：将糯米打磨成粉，放入木桶，加入猪油隔水蒸至柔软出笼；再将滚烫的糯米粉揉成正方体或长方体，配上不同口味的辅料；最后切成一块块小小的方糕。这样做出来的猪油糕"Q弹"拉丝，咸的咸度适中，甜的甜而不腻，真是又糯又好吃！

　　小孙糕团店有多受欢迎？他们家那"甜蜜似糖"的蜜糕还在2018年被苏州电视台《施斌聊斋》节目报道过呢！

丝滑水嫩豆腐花

天气渐渐转凉，一碗热腾腾的豆腐花最能抚慰人心。

东桥长和二村，有一位走街串巷的老师傅，他做挑担豆腐花快20年了。师傅名叫朱卫兴，今年66岁。朱师傅年轻的时候是农民，"足蒸暑土气，背灼炎天光"是他田间劳作时的真实写照。随着年岁渐长，朱师傅的女儿心疼其耕作艰辛，便劝其转行。于是，当时已经50岁的朱卫兴选择了做豆腐花。他凭着一股闯劲四处打听传授这门手艺的老艺人，并特地前往浙江拜师。学成归来，一副小小的担子,便挑起了他晚年的生活。

朱师傅每天下午两三点钟开始在村子里转悠,直到晚上六点左右收摊。这样固定的作息已经坚持了十几年,许多老顾客也习惯了准点在家门口等着朱师傅的豆腐花。

朱师傅的豆腐花有怎样的特色?你看,担子上架着碗盏家什,热豆腐花上,热酱油一浇,虾米紫菜一撒,让人食指大动。朱师傅的豆腐花,甜的、咸的、辣的口味都有。站在大街上吃,特别有滋味。那白花花的豆腐花盛在小小的塑料碗里,雪亮雪亮的,"呲溜"一声,入口即化。到了秋天,浓郁纯正的豆花香混合着大街小巷里的桂花香,从鼻尖到喉头,再慢慢流入心间。温暖中带着秋风吹来的沉醉,不安分的胃立刻被安抚得服服帖帖。

再细想它的做法,却也有趣。首先,挑选颗粒大、色泽黄的优质黄豆浸泡七八个小时,再细致地筛选,剔除一些次品。其次,用机器磨浆。磨好的豆浆煮沸备用,等调好的内脂水倒在不锈钢桶中之后,再将沸豆浆冲入其中。此时既要注意冲匀,又要把握温度和时间,实在考验人的技术,哪个环节没有控制好,做出来的豆腐花都不能成形。最后做出来的这一桶豆腐花,算一下成本,可是足足要耗掉3斤黄豆呢!

据说,现在像这样还流动在街头巷尾的挑担豆腐花,在东桥只剩朱卫兴一家了。挑担挑得辛苦,这一碗小小的豆腐花却只要4块钱。

肉嫩味纯葱油鸡

"百里不同风，千里不同俗。"不同的地方有不同的美食，舌尖上的美味那是挡也挡不住的诱惑。在我们的家乡黄埭就有一家仙人菜馆，里面的葱油鸡闻名黄埭，前来品尝的顾客络绎不绝。

仙人菜馆位于康阳路169号，老板叫许根龙，土生土长的黄埭潘阳人。他开这家仙人菜馆一开就是20年。

这个仙人菜馆的名字还有一番由来。许老板年轻时在工厂烧菜，手脚非常麻利，一个人能抵四五个好手。乡里人请他帮忙办婚丧酒席，20桌以下他从不叫帮

手，从冷菜到熟菜都是一人承包，速度快、味道美，赢得了乡里人的交口称赞，所以乡里人帮他取了"许仙人"的美称。后来他自己创业，开了这家菜馆，为感谢乡里人对他的称赞，所以取名为仙人菜馆。

仙人菜馆的葱油鸡，别有风味，源于做法地道。首先，在选鸡时十分讲究，选3斤半左右的草鸡，这样能保证肉质鲜嫩；接着，把鸡洗干净放入锅中，锅里加入清水和姜片，水一定要漫过整只鸡；然后，用文火慢慢煮熟，这时火候要把握得当才能留住鸡的鲜美；煮熟后再把鸡从水中捞起，沥干水，用精妙的刀工把鸡切成细致匀称的鸡块装盘；最后，用特制的调料层层浇汁，每浇一层都渗入鸡肉中，使其闻起来喷香四溢。

看，葱油鸡出盘了！似银如雪的鸡肉有序地摆放在盘子中央，鸡肉外面包裹着一层纤薄明黄的鸡皮，精致美观，看着就是一种美的享受。还未品尝，那香味便丝丝缕缕地沁入你的鼻、你的心，勾起你的食欲。一口咬下去，鸡皮爽而不腻，清香的肉汁更是突破肉的枷锁在口中迸发，鲜嫩美味，口齿留香，似麻油香醇厚，似芝麻香浓郁，细品又只留下鸡肉鲜美的味道。品尝与回味它的过程，真是一种极妙的享受。

瞧瞧，是不是看了介绍都要流口水了。"心动不如行动"，这样的美食，值得你亲自去品尝！

相记卤菜交口赞

　　"一家卤煮，满镇飘香"，闻香而动，寻香移步，你会来到我们黄埭鼎鼎有名的卤菜店——相记卤菜店门口。

　　相记卤菜店创始于20世纪80年代，店主相根荣，黄埭镇裴圩村人。他年轻时到苏州松鹤楼学烧菜肴，见师傅无心传授各种卤菜的烧制秘诀，他便边看边学，刻苦钻研，自学成才。相记卤菜店开张后，因味道好，深受民众赞许，名气渐渐传播出去，只要说起相记卤菜店，大家就说得出店主相根荣的大名。

　　20世纪90年代初期，相记卤菜店在本镇家喻户晓，生意长兴不衰。现卤菜店由相根荣的儿子相卫东执掌，全镇共有4家，总店位于黄埭镇农贸交易市场。卤菜店挂牌的卤菜有奥鸡、奥鹅、酱鸭、咸鸡、咸水鸭、咸水鹅、麻辣鸡、葱油鸡、猪头肉等40余种，品种繁多。

　　这么美味的卤菜，源于一丝不苟的制作工艺。"五步制作法"，步步精细，才能制作出如此美味的佳肴。首先精心选材，要选择瘦肉型的、脂肪含量少的肉类为制作卤菜的原料。接着认真清理，并用冷水浸泡，直至血沫尽出，达到除去腥膻味的目的，后出锅晾干，收干水分。然后进行腌制，腌制有两种方法：干腌——将盐、茴香、花椒、桂皮等佐料在锅内混合拌炒，凉后擦于肉上；水腌——在盐水中放入中药料等，并将肉放入混合水中浸泡，浸泡一定的时间后取出。再进行烧煮：第一步，放入茴香、桂皮、丁香、八角等材料，烧至八成熟，起锅后自然晾

干；第二步，加入第一步中的茴香、桂皮、丁香、八角等同等作料，并以同锅卤水烧煮，直至将肉烧到变酥软熟烂为止。最后进行浇卤，把红米粉、淀粉、蜂蜜或冰糖混合配制成卤，浇于肉上。这样，工序繁杂的相记卤菜就有条不紊地制作完成了。

相记卤菜色泽红润，香味扑鼻，肉嫩细腻，食之可口，让人看一眼就忍不住口水直流，尝起来更是别有一番滋味在心头。红润的酱鸭，肥而不腻，嫩而不烂，肉质鲜美；香酥的奥鹅，鹅肉硬香，嚼劲十足，口感纯正；嫩滑的咸鸡，晶莹透亮，咸香丝滑，回味无穷……

香飘十里，油而不腻，香脆可口，咸甜适中……当你品尝着相记卤菜店中的不同卤菜时，这些词一定会不时地出现在你的脑海中。不信？你去尝一尝吧！

风俗篇

舒心迎夏，粽叶飘香，拜月乞巧，在传统习俗中传承地方文化的命脉；赏月团圆，登高敬老，冬夜暖情，在美好佳节中感受家乡美德的馨香；孕育新生，寿诞庆生，在礼仪风俗中品味人生百态。

百里不同风，千里不同俗。这些极具特色的传统习俗生动地展现着黄埭人民数千年思想和行为的精华，演绎着古韵之乡的德善之行。

旧俗与今风，接纳和包容，传承并延伸，是思想深度的再拓展，是人与天地的相统一。

春节——快乐过年

"爆竹声中一岁除,春风送暖入屠苏。"春节是一年中最重要的节日,黄埭当地沿袭着许多旧时传统。

过腊八 过年是从农历十二月初八开始的。农历十二月被称为腊月,因此农历十二月初八称"腊八"。相传腊月初八是释迦牟尼的成道日,当日各寺庙都以莲心、枣、栗、胡桃肉、松子、百合和米等食材煮成腊八粥供斋,并赠送乡民,乡民尊称其为"佛粥"。穷苦人家就以山芋、花生米、红枣等八样蔬果和米煮成粥而食。据说此粥可以延年益寿,又能消灾降福。

掸檐尘 农历腊月二十四日之前,每家每户都要进行一次大扫除,俗称"掸檐尘"。扫除一年晦(灰)气,干干净净迎新年。

送灶神 灶神又称灶王爷。民间流传:灶神掌管每家的衣食温饱,灶神下来一年,到年底的腊月二十四要上天向玉皇大帝汇报各家善恶之事。百姓为欢送灶神上天,家家在灶台上点香燃烛,供团子,把用纸、竹扎成的车马轿在大门前焚烧,这叫作"送灶""谢灶"。这天全家要一起吃团子,这个团子叫作"安乐米团",象征全家团圆,安安乐乐迎接新年。

过大年 农历腊月最后一天叫"除夕",俗称"大年夜"。这天,家家会在门上贴对联,在堂内挂年画,合家欢聚,共庆新年。吃年夜饭前要先祭奠祖宗,叫"摆年夜饭",也叫"过年",家家都相当郑重。要在堂屋摆上八仙桌,桌上摆放着各种荤素菜肴。素菜中必有青菜,叫"长庚菜";有黄豆芽,叫"如意菜"。荤菜必有蛋饺、肉圆等。然后,点上香烛,跪拜叩头,祭祀祖宗。之后,才能全家围坐在一起吃年夜饭。席间，长辈给孩子分发"压岁钱"。饭后，将吃剩的饭放在饭箩中，插上甘蔗或竹枝，寓意为家有"万年粮"，生活"节节高"；还要插秤，表示"称心如意"。

大年夜还要"守岁"。守岁时合家谈笑欢庆，还搓糯米粉小圆子、切年糕等，留待第二天食用，寓示高高兴兴、团团圆圆。

迎新年　农历正月初一，俗称"年初一"。旧时年初一凌晨，每家每户男子先起床，争放"开门爆仗"，祈求新年吉祥如意。早上都要吃糖圆子、年糕，小辈向长辈拜年。各人见面都要道一声"新年好""恭喜发财"。年初一还有争去春申君庙、兴国寺烧香的习俗，最早进庙烧香的叫"烧头香"。

吃年酒　过了年初一，人们开始带着礼品走亲访友，相互宴请，称为"吃年酒"。如果亲戚家有新郎官与新娘子第一次上门，更为隆重。年酒一直要吃到正月十五才结束，还有一句夸张的说法："年酒吃到大麦熟。"

接财神　正月初五是东南西北中五路财神（路头菩萨）生日，一大清早，每家每户争相放爆竹，接财神，祈求财源滚滚。

闹元宵　正月十五是元宵节，又称"上元节"。家家户户要点"三官灯"（天官、地官、水官）。有的村子把各家的灯笼连起来高高挑起，形成灯的长龙；小孩牵着兔灯、狮灯嬉笑欢奔。每户人家还要吃以玫瑰、薄荷、百果、豆沙为馅做成的团子，叫作"吃元宵"。人们以各种形式欢庆，称为"闹元宵"。

清明——祭祖扫墓

"清明时节雨纷纷，路上行人欲断魂。"你知道诗句描写的是哪个时节吗？这是一个缅怀先人、寄托哀思的节日——清明节。

清明既是一个节日，也是二十四节气之一。清明时节，天空常常飘着蒙蒙细雨，在外的游子带着满满的思念回到家乡祭扫祖坟，祈祷接下来平安顺遂。

踏青郊游是清明节的另一个主题，人们会开展丰富有趣的风俗活动。清明文化多种多样，黄埭当地人是怎么过清明的，让我们一起来看看吧。

祭祖过节 节前数日开始到清明前夜，民间有在家过节祭祖的习俗。过节时，人们在家精心备好酒菜。不同的菜也有不同的寓意：蛋饺寓意为金元宝，豆芽寓意为如意，红烧肉寓意为蒸蒸日上，白炖鸡寓意为吉祥，鲤鱼寓意为年年有余……一炷香的时间，敬上黄酒，烧锡箔，添饭等。家中有新近（两个清明间）过世的亲人，祭祀必须在清明正日，并要添加杯筷，叫作"过新清明"。

清明扫墓　旧时上坟，一般要给祖宗亡人上香点烛，摆供品，烧纸钱，哭亲人。现今改为献上一束鲜花，供奉几样水果。上坟时如果要修整坟墓只能在清明前进行，节后不能动土（清明前一天俗称"浪荡日"，据说也不能动土）。此外，旧时清明当日，人们一般互不串门，否则有些"触人家霉头"的意思。现在有的地方就没那么讲究了。

吃青团子　青团子为什么呈现青色？这要归功于浆麦草、艾草等嫩绿且有清香的植物。人们称这些植物为"青"。清明前几天，人们便开始在田埂边寻找"青"。取回家后，把碧绿的"青"捣烂

晒干，碾成"青"粉，揉进糯米粉制作青团子，再用各种食料做成馅（黄埭多喜好甜豆沙、芝麻馅）。制作青团子时满屋子都弥漫着一种淡淡的青草味。青团子色味俱佳，比一般未加"青"的团子香糯，特别好吃。

此外，清明还有买大饼，用柳条串起来挂在一旁晾干，到立夏取食的习俗。据说，吃了这种大饼夏天可以不疰夏。

清明也有插杨柳的习俗。人们会在家前屋后、河边田岸插柳栽树。

清明这一天，也是进行革命传统教育的日子。自新中国成立后，行政机关、团体、学校等都会组织职工、成员、师生等到烈士陵墓扫墓，敬献花圈。通过扫墓，教育大家知荣辱礼敬，懂孝行深义，承优良传统。

立夏——舒心迎夏

　　每年公历5月5日前后为立夏，标志着时序进入夏天。"立夏"的"夏"是"大"的意思，表示春天播种的植物已经慢慢长大了。古代非常重视立夏。立夏是二十四节气之一，在我们这儿也是一个重要节日。

　　立夏这天，黄埭这儿历来就有吃咸鸭蛋、尝三鲜、称体重、轧立夏、穿耳朵以及吃甜酒酿、吃立夏饼和忌坐门槛等习俗。

　　吃咸鸭蛋　立夏时节，天气逐渐热起来，人容易食欲不振，而咸鸭蛋是开胃之物，可增进食欲，便慢慢成为立夏的时令佳品。俗语说："立夏吃了蛋，热天不疰夏。"民间还有斗蛋的习俗，通常是小孩子的游戏。那天，大人们会用彩色丝线或绒线编成网兜，里面放上一颗蛋，让孩子们挂在脖子上。小孩子们聚在一起，手持蛋，用蛋互相碰撞，尖的是头，圆的是尾，头碰头，尾撞尾，碰破的认输，要将蛋吃了，碰不破的就成了"蛋王"。

　　尝三鲜　"地上三鲜"有苋菜、蚕豆、蒜苗，"水中三鲜"有螺蛳、鲥鱼、白虾，"树上三鲜"有樱桃、青梅、香椿头。这些"三鲜"其实都是当季的食材，食用正当时，在立夏节气享受这些美食会给人带来更多的乐趣。

　　称体重　民间还有立夏称人的习俗，据说立夏称过体重的人不会疰夏。人们在村口或院子里挂起一杆大木秤，秤钩悬一只凳子，大家轮流坐到凳子上面秤重。司秤人一面打秤花，一面讲着吉利话。

轧立夏　这个习俗，形成了约定俗成的集市，民间称为"立夏场"。到了那天，镇上商贾云集，搭满帐篷，摆满地毯，各类生产用具、生活用品品种齐全，还有各类跑马戏、杂耍等，盛况空前，异常热闹。人们纷纷走出家门，来到集市闲逛购物，欢庆节日。

穿耳朵　旧时母亲在此日为女孩子穿耳朵，穿时一边哄孩子吃鸭蛋，一边趁孩子张口吃蛋时，用针快速刺穿耳垂。

忌乱坐　立夏这天，忌坐门槛，老话说坐了门槛，会导致夏天脚骨酸痛；如果坐了一道门槛，必须再坐上六道门槛，合成七数，才可以解开"魔咒"。孩子也忌坐台阶，如果坐了，就要连坐七级才可以不招病。这或许是为了让孩子们养成不随地乱坐乱躺的好习惯吧。

立夏

别春入夏
泛舟赏埭川之美

裹角黍
以菰叶裹粘米为角黍取阴阳包裹未分之象也

端午——粽叶飘香

说起端午节，你最先想到了什么？粽子？赛龙舟？屈原？在很多人的心目中，端午节就是纪念屈原的。可苏州的端午节却有所不同，它是为了纪念春秋时期吴国名将伍子胥。伍子胥可是我们苏州历代民众崇拜的对象哦。

端午节可以算是一个非常重要的节日，每年端午，黄埭人都会有一连串的习俗来纪念先人、祈求平安。

吃粽子　几乎所有黄埭人端午节都要吃粽子。每近端午，家家户户就要买回箬叶、糯米等物，开始包粽子。在黄埭老街的小巷深处，朱门半掩，厅堂里妯娌婆媳团团围坐，或者就在巷口路边，几张小藤椅围拢来，满目青绿的箬叶、晶莹的糯米。她们手法娴熟，两片箬叶一叠压，卷成一个圆锥状，然后放进糯米，加一点赤豆、枣子或一块五花肉，然后像变魔术一般，把箬叶翻过来、卷进去，再用嘴里咬着的一根粽绳打几个圈，一个粽子便包好了。

端午粽品种繁多，像秤砣的叫秤砣粽，像枕头的叫枕头粽，三角形的叫三角粽。箬叶里只包糯米的叫白水粽，蘸点白糖吃，味道绝佳。人们常在糯米中加入肉、豆等馅料，于是就有了鲜肉粽、火腿粽、赤豆粽、枣子粽、豆沙粽等。

其实我们黄埭人不说包粽子，都说裹粽子。这裹粽子绝对是一门绝活，如果你是第一次裹，想必逃不了"一看就会，一做就毁"的命运，因为粽叶如果裹得不严实，煮到一半粽子是会散架的。

吃五黄　除了吃粽子外，黄埭人在端午节一直有"吃五黄"的习俗。所谓"五黄"，是指黄鱼、黄鳝、黄瓜、咸鸭蛋黄和雄黄酒。黄鱼、黄鳝等都是时令食物，很有滋补功效。雄黄酒有杀菌杀虫，阻止蚊虫侵扰的功效，但雄黄有毒，现在已经很少食用了。

五毒衣　这件衣服多穿在婴幼儿身上，上面印有老虎、蛇等图案，小朋友穿上它甚是可爱。端午节天气渐热，毒虫增多，人也容易长痱子，而小孩子抵抗力差，所以古代的人们给孩子们穿五毒衣，想以毒攻毒、驱邪避灾，希望孩子们身体健康。同时小孩子们身上还要挂上装满艾草、菖蒲等植物的香袋，穿上虎头鞋，一身"奇装异服"。

七夕——拜月乞巧

七月初七，俗称"七夕节""乞巧节"，也称"女儿节""少女节"等，是最具浪漫色彩的传统节日，被现代人称为中国传统的情人节。它的来源主要与牛郎织女的传说有关。

拜织女 人们把织女称为"七娘娘"，相传七月初七是她的生日，于是这天便成了少女们庆贺的节日。因此这个拜织女，纯是少女、少妇们的事。她们大都是预先和自己的朋友或邻里们约好，少则五六人，多至十来人，联合举办祭拜仪式。举行仪式时，先在月光下摆一张桌子，桌子上置茶、酒、水果、"五子"（桂圆、红枣、榛子、花生、瓜子）等祭品，又有鲜花几朵，用红纸扎着插在瓶子里，花前放一只小香炉。参加拜织女的少妇、少女们，斋戒一天后，沐浴停当，准时来到主办人的家里，焚香礼拜。之后，大家一起围坐在桌前，一边吃花生、瓜子，一边朝着织女

星座，默念自己的心事，希望织女保佑自己心灵手巧，感情有托。一直玩到半夜始散。

吃巧果　巧果主要由油、面、糖制作而成，一般是将糯米粉蒸熟后，撒上芝麻，切成菱形，入油锅炸。炸好的巧果吃上去松脆可口。巧果好吃，正好说明了做成这种食品的人心灵手巧，与乞巧节日的本意相合。

染指甲　古时染指甲用的指甲油不是现在市场上能买到的那种，而是将凤仙花捣成碎末，再加明矾与水做成的。这种"指甲油"涂在指甲上晾干后，显示出来的颜色异常鲜艳，还能保持几个月不褪色。

赛乞巧　就是年轻女子比赛穿针。用彩色丝线来穿针，谁穿上线，谁就乞得巧了，穿得最快的人最巧。这是最早的乞巧方式。

比验巧　这是七夕穿针乞巧风俗的变体，源于穿针，又不同于穿针，是明清两朝盛行的七夕节俗。姑娘们会在这一天投针验巧，向织女乞求智慧和技艺，她们怎么验巧呢？将半碗河水加半碗井水倒入同一个碗中，放在院子里接露水后搅和，太阳出来后水面会生成一层膜，此水叫作鸳鸯水。到中午的时候她们把绣花针轻轻放到水面上，然后通过观看杯底的影子来测定巧和拙。如果针影是云龙花草形状，称为"得巧"；如果形状像椎杵状，就是"拙巧"。

七夕的习俗还有很多，如在瓜果架下听悄悄话。据说这天的夜深人静之时，少女可待在瓜果架下倾听，如果能听到牛郎织女相会时的悄悄话，这个少女日后便能得到甜蜜的爱情。还说七夕节时的露水是牛郎织女相会时的眼泪，如抹在眼上和手上，可使人眼明手快。当然，这些习俗都是源于古时的人们对美好爱情和巧手的向往。

中秋——赏月团圆

"明月几时有？把酒问青天。"文人苏轼在中秋佳节挥笔写下了名篇《水调歌头》。你知道中秋节的来源和风俗吗？我们一起来瞧瞧吧。

在古代每年都会有一个时间举行专门的祭月活动，至唐朝时期，中秋节才成了被"官方"认可的，固定时间为阴历八月十五的全国性节日。中秋节月亮圆满，象征团圆，因而又叫"团圆节"。百姓俗称这天为"八月半"。这一天，人们除了吃月饼以外，还有斋月宫、烧斗香、走月亮、看曲会等民俗活动，颇有情趣。

走月亮　在黄埭，中秋赏月之风深得人心。"月到中秋分外明"，八月半是传统的赏月良时，这天晚上，人们三五成群，盛妆出游，一路赏月谈笑，兴尽方归，称为"走月亮"。妇女们结伴夜游，称为"踏月"。人们在月光下嗑瓜子讲"嫦娥奔月""吴刚伐桂""玉兔捣药"等神话故事。孩童吃过月饼，便擎着彩旗奔跑相逐，称"喜团圆"。如果这天有家人未回家团聚，人们会借助月亮，遥寄思念与祝福。

吃月饼　中秋节怎么能少了月饼呢。俗话说：八月十五月正圆，中秋月饼香又甜。月饼最初是用来祭奉月神的祭品，后来人们逐渐把中秋赏月与品尝月饼结合在一起，使之成为家人团圆的象征。苏式月饼历史悠久，始于唐代，盛于宋代，形如满月，色泽油润，皮层香酥，层层清晰，馅心味美，工艺独到。苏式月饼品种繁多，鲜肉、火腿、白果、豆沙、玫瑰等，只有你想不到，没有你吃不到。中秋临近，黄埭的超市就摆满了各式各样的月饼礼盒，人们挑选着，或买回家给家人品尝，或赠予亲友长辈，表达情谊。黄埭街上的长发肉月饼颇受欢迎，中秋当天，购买者都要排起长队的。

中秋节除了吃月饼，还有吃糖芋艿和油酥麦饼的习俗。

烧斗香　斗香也叫香斗，是人们过中秋节的重要物品。中秋节当晚，在斗香桌上摆放好祭月拜月的红菱、生藕、白果等应时果蔬，奉上自制月饼和各种代表丰收的粮谷，在月下燃香，祭祀月亮，为自己和家人祈福祝愿。烧完斗香后，全家人可分吃供品，寓示全家团圆。

重阳——登高敬老

同学们从古诗"每逢佳节倍思亲"中，可以读到一个节日，就是农历九月初九的重阳节。为什么称为"重阳节"？因为古人以"九"为阳数，九月初九是两个阳数重叠，故称为重阳。

重阳节的活动有登高望远、吃重阳糕、饮菊花酒、赏菊花等。这些活动与健身养生有关，而"九九"与"久久"谐音，寓意为长长久久，健康长寿，该节日遂逐渐演变成敬老的节日。2013年7月1日起，我国把重阳节定为老年节。

登高望远 从古至今，重阳有登高的习俗，故重阳节也称"登高节"。相传此风俗始于东汉。登高没有什么规定，只要是登上高处，如爬山、上高塔都行。这时正好是秋高气爽的季节，登高望远，令人心旷神怡。

吃重阳糕 据记载，重阳糕又称花糕、菊糕、五色糕，制无定法，较为随意。九月九日天明时，以一片糕搭在儿女额头，口中默念祝词，祝愿子女百事俱高，这是古人这天做糕的本意。讲究一点的重阳糕要做成九层，

像一座宝塔，上面还要做两只小羊，来符合重阳（羊）之义。现在的重阳糕，各地做法仍然不同，一般吃的松软糕类都可作为重阳糕。

饮菊花酒　重阳佳节正是菊花盛开之时，我国从古至今便有饮菊花酒的传统习俗。菊花酒在古代被看作是重阳必饮、祛灾祈福的吉祥酒、长寿酒。事实上，菊花确实有保健养生等作用，菊花酒清凉甜美，有明目健脑等功效。

重阳节被定为老年节后，更成为人们尊老敬老的日子。各地都要组织老年人秋游，开阔他们的视野，让他们交流感情，锻炼身体，热爱祖国大好河山，亲近大自然。

冬至——冬夜暖情

"冬至大如年"，这句话几乎全国各地都知道，但把它当真且几百年如一日遵循这个习俗的，恐怕非苏州人莫属。

为什么苏州人如此重视冬至呢？原来，3000多年前泰伯和仲雍迁居今苏州、无锡一带，建立吴国，把周朝的历法也带到了苏州，周朝历法是将冬至日作为新年开始的第一天的。尽管经历千年岁月变迁，苏州人重视冬至的传统依旧流传。

节气上的冬至在每年公历12月21日或22日来临。在我们北半球，冬至是一年里白昼最短、黑夜最长的日子，过了这天以后，虽然天气还会继续寒冷，但每天天黑的时间会越来越晚，春天与温暖也越来越近了。

占卜阴晴　这是过去的人们在冬至喜欢玩的一种活动，根据冬至前后的天气来预测过年的天气，有"干净冬至邋遢年，邋遢冬至干净年"的说法。如果冬至前后的天气晴朗，那么过年可能就会雨雪交加；如果冬至前后下雨、下雪，那么过年可能就会晴朗。到底准不准？大家可以关注一下。

冬至夜饭　与春节前一晚的除夕夜类似，人们在冬至夜的花头可多着呢。"吃"是冬至夜最大的主题，这一晚家家户户都要团聚，吃一顿冬至夜饭。老话说冬至夜是"有钱人吃一夜，无钱人冻一夜"，即富裕之家要吃一夜，贫困之家只能干坐着冻一夜。人们往往不甘心冻一夜，想吃一夜，所以平时勒紧裤腰带也要在冬至夜准备一顿丰盛的菜肴。如今大家条件都好了，很少有没得吃冻一夜的情况了。全家人齐齐地围坐在一起，吃吃闹闹，算算数九寒冬，尽管是全年中

冬日短
喝甜汤
围炉笑谈暖夜长

最漫长的一晚，但大家心底却无所畏惧，因为有家人的陪伴，过节的真正意义正在于此吧。

喝冬酿酒 冬酿桂花酒，是黄埭人过冬至夜的标配。"冬阳酒味色香甜，团坐围炉炙小鲜。今夜泥郎须一醉，笑言冬至大如年。"冬酿酒加入了糖桂花调色、调味，因此颜色近似桂花黄，不仅看上去十分清新，口感也醇美诱人。金黄色的酒中飘着桂花，清香弥漫在空气中，配合着家人欢聚，有些"酒不醉人人自醉"的味道。在寒冷的冬天，冬酿酒不仅能够驱寒，而且寄托了黄埭人对生活的美好祈愿。

此外，有些人家在冬至夜还有吃馄饨、冬至团的习俗，也会多买几个卤菜回家。这天杜三珍、朱鸿兴、相记等卤菜店皆门庭若市，大家争相购买羊糕、熏鱼、白斩鸡、酱牛肉等。各种佳肴在餐桌上交相辉映，散发着幸福的味道。

生育——人生起点

一个新生命的诞生，意味着一段人生历程的起点，意味着为人父、为人母的责任，意味着人类的延续与传承……

从十月怀胎到呱呱落地，到茁壮成长，于一个家庭而言，没有什么比孩子的出生与生长更重要。你知道黄埭娃娃出生时有哪些习俗吗? 可有不少有趣的事。

催生　新娘子怀孕七个月时，娘家人就会为婴儿准备催生包。里面包括为婴儿专做的衣服、尿布和为孕妇准备的苦草（益母草）。有趣的是岳母进门是不能打招呼的，而是径直往孕妇的床上一丢，如果包袱的结扣朝上，预示出生的将是个男孩，反之就是女孩。当然这个预示时常有不灵的时候，这一举动实则蕴含着对早日顺利生下孩子的期盼。

分娩　以前黄埭人生孩子都在自己家里，并要请"老娘"来接生。这个"老娘"可不是外婆，而是接生婆。旧时的婴儿是出生在"马桶"里的，这个"马桶"可不是你所想的马桶，而是专门用来接生的"子孙桶"。"老娘"还要在产房挂催生符、烧樟木、把家具的门和抽斗全部打开，寓示产门大开。医疗技术发达的今天，产前一系列的产检以及分娩时科学有效的手段，都在帮助新生命顺利地诞生。

满月　黄埭人特别看重婴儿满月后的第一次剃头。剃头那天，会宴请亲朋好友到家里喝"满月酒"。剃头仪式举行时，桌上放一些点心水果，婴儿戴上长辈精心准备的金银手镯、脚镯、挂牌等，甚是可爱。剃胎发时一般是舅舅抱着婴儿坐在厅上，理发师会将剃下的胎毛揉成团，用红丝线串起来，挂在小孩的睡床上，传说可以压制住邪物。剃好头之后还要撑着红伞抱着婴儿到外面兜一圈，走过三座桥，靠一靠大树，寄托了对新生命美好人生的祝愿。此外要吃剃头面，即长寿面，同时也要给亲友、邻居、同事派发一些喜蛋或者面券，分享快乐。

周岁　孩子周岁时，大多也要宴请亲朋。周岁最重要的仪式是抓周。这一天，孩子要打扮一新，大人在他面前放一些书、鸡腿、算盘、尺、钱币等东西，看他先抓哪一个，以此来猜测他的前程。书代表将会做学者，鸡腿表示有福气，不愁吃穿……这样的民俗也是颇为有趣。

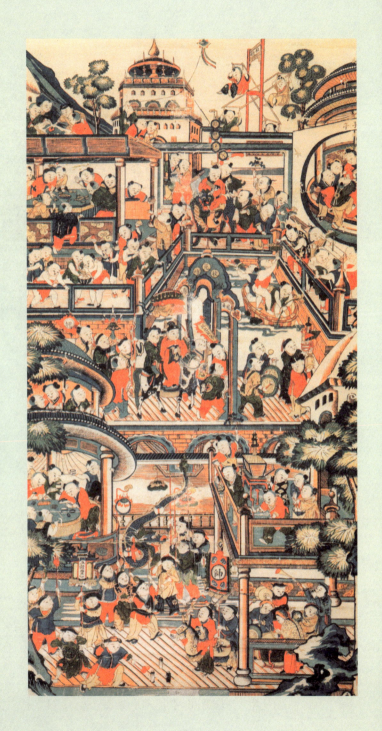

寿诞——岁岁庆生

　　从古至今都有庆生的习俗。越是到了太平盛世，生活富足的时候，人们越发讲究。

　　庆生　按民间习俗，庆寿有"小生日"和"大生日"之分。逢每年的"小生日"，合家吃一碗象征长寿的面条即可。但庆贺"大生日"时，除婴儿时代的"满月""周岁"外，逢整十的岁数，如十岁、二十岁、三十岁，都要设宴贺寿。而从五十岁开始，更是要遍邀亲朋好友，大摆宴席，以示庆贺，使之成为真正意义上的寿诞庆典。旧时，当地民间向有"三十勿做，四十勿发"的谚语，故三十即做寿的，也较为普遍。当然，旧时做寿的肯定是大家富户居多，穷苦的百姓哪有钱财担当得起这样的花费。

做寿　传统的寿诞庆典十分讲究礼仪和排场。一般做寿的前一天，会在家中张灯结彩，布置寿堂。寿堂正中要张挂寿星图，两侧要悬寿对，考究的还在寿堂四周置大红寿幛，幛上书以"福如东海""寿比南山"之类的吉祥贺词。堂中照例设供桌一张，桌上除燃寿烛、寿香，供奉寿星纸马外，也会将那些象征长寿的寿桃、寿糕、寿面之类高高堆于盘中，场面十分隆重。

贺寿　寿诞当日，贺寿的亲朋好友们都带着各式寿礼纷至沓来，济济一堂。祝寿时，儿孙晚辈们按理要给当日的寿星行拜寿仪式，礼毕则大摆寿宴。有些大户人家还于寿诞当日邀请民间艺人来唱堂名、宣卷助兴，也有的请说书、杂耍或玩戏法的艺人至堂前表演，一派喜庆热闹的景象。

在寿诞礼仪中，祈福求吉的民俗意识同样是贯穿始终。"寿桃"寓示长寿，"寿糕"寓示"高兴""高升"或者"高寿"。

旧时做寿还有事先请匠人做好棺材的，谓之"寿材"，意为延年益寿，大吉大利。

穿古今，知现代，一脉承。往纵深处望去，黄埭，云集的是数千年璀璨的人文；朝横向里看来，黄埭，已成为全国综合竞争力百强镇。

2019年，黄埭的地区生产总值高达170.16亿元；如今，黄埭镇已拥有17家上市或即将上市的企业；当今的全国百强镇排行榜上，黄埭镇2020年的综合竞争力排名第58位……三大产业的目标定位、生物医药国际产业园的兴建和『五个一工程』的规划打造，让文化生根，让经济腾飞，让家乡的发展更快、更强。

埭川古韵谱今风，宜居宜业新黄埭。

幸福乐居新黄埭

随着新黄埭人数量的不断增加，黄埭的规模也越来越大，目前人口已近20万。黄埭的城镇化建设、文化教育、医疗设施、商业运行等日渐完善，民生福祉持续改善，各类生活服务设施更加完备，居民生活水平和幸福指数明显提升。

近年来黄埭合理规划农村社区，积极稳妥推进迁村并点和社区建设。全镇现有8个村、10个社区，社区实施高标准绿化，配套建设了超市、幼儿园、卫生服务站、党务政务群团活动场所、健身俱乐部、图书室等设施，实现了村民向市民的历史性转化，使群众充分享受到经济发展的成果。

黄埭片区的"邻里厨房"是社区推出的"惠老助餐工程"，为80岁及以上的高龄老年人提供安全、方便、实惠的助餐服务。社区每月为高龄老人提供一次居家服务，帮老人洗衣、搞卫生等。这些养老服务不断提升老年人的获得感、幸福感。

黄埭的教育事业也在蓬勃发展，教育规模不断扩大。新建了黄埭实验小学，翻建了东桥中心小学、春申中学二期、东桥中学行政楼。黄埭春申中学已成相城教育的一张名片，于2004年被省教育厅确定为江苏省实施教育现代化工程示范初中，优美的校园环境、现代化的教学设施、丰富的人文底蕴、名列前茅的教学质量受到社会各界的一致好评。

人们在享受丰富的物质生活之余，也越来越关注健康问题。相城区第二人民医院为黄埭人民的健康保驾护航。医院位于黄埭春申路，是一所集医、教、研、预防为一体的综合性二级乙等医院，是苏州大学附属第一医院技术合作医院。医院占地面积约45亩。一期建筑面积18000平方米，有四层的门诊大楼、六层的住院大楼和三层的预防保健楼及后勤楼。整体采用江南园林建筑风貌，就诊环境优美舒适。

黄埭的商业配套十分完善，黄埭供销合作社、联胜阅湖生活广场、中翔生活广场三个大型商圈给人们的生活带来了便利。

2017年，黄埭中翔生活广场正式对外营业，黄埭居民又多了一个购物休闲的新去处。中翔生活广场位于黄埭方桥路南段，总建筑面积70000平方米，总占地面积29000平方米，可满足人们对服饰、学习、娱乐、美食、健身诸方面的要求。室外广场和商场内大厅一年四季均有丰富多彩的文旅活动，美食嘉年华、广场舞大赛、少儿才艺大赛、跨年音乐盛典……大大丰富了当地居民的生活。

国泰民安不仅给人们带来了富裕的物质生活，也带来了丰富的精神生活。黄埭这座有着2500多年历史的古镇，正焕发着勃勃生机，成为人们幸福乐居的新城镇。

织被（pī）天下暖人间

　　若论黄埭镇上资历最老、规模最大、上市最早的企业，当属江南高纤股份有限公司了。

　　江南高纤股份有限公司的前身是1984年创立的镇办集体企业江南化纤厂。1996年11月，公司进行集体所有制改制，公司的发展开始进入快车道。2001年，公司进行股份制改革。改制中进行了产品升级与革新，公司涤纶毛条产品获得了市场的认可和需求。公司坚持以产品质量为本、以规范制度为核、以消费者利益为先，形成了"诚信经营、规范管理、以人为本"的文化氛围。

　　2003年11月，公司在上海证券交易所上市。上市后，公司迎来了快速发展期。2004~2015年，江南高纤股份有限公司在董事长陶国平的带领下，迅速成长为国内相关领域的领头企业。公司连续多年被评为全国重合同守信用企业、江苏省百强民营企业、江苏省管理创新优秀企业、AAA级信用企业。公司"牛头"商标被认定为中国驰名商标，"牛头"涤纶毛条及复合短纤维被评为江苏省名牌产品。

2015年5月，公司管理层新老交替，公司由现任江南高纤股份有限公司党委书记、董事长兼总经理陶冶接手。陶冶有高度的敏锐性，凭借多年的海外留学经历，带领公司积极应对国内外挑战。在他的带领下，公司不断加强研发投入和人才建设，对生产设备关键部位进行改造优化，推动公司科技创新，致力于开发和生产高附加值产品，服务高端顾客市场，产品结构得到了优化，更好地促进了新常态下民营公司的传承和转型升级。

为更好地创造经济效益，公司近三年内投资10多亿元进行技术改造，打造世界一流的智能化、自动化、标准化生产流水线，逐步淘汰落后的低端产能，实现绿色制造、智能制造。公司将牢牢抓住居民消费升级、三孩政策全面实施以及人口老龄化的机会，全面提升软、硬件实力，扩大市场份额，抢占高端市场，推动高质量生产发展。抓住宝洁、金佰利、江苏阳光等优质高端顾客，深入开展第二次精细化管理，力争达到世界级公司的现代化管理水平。

在新时期，公司以中国制造2025为引领，借鉴德国工业4.0，力争建设成世界级现代化工厂。

江南高纤股份有限公司是一家具有高度社会责任感的企业，一直努力回馈社会。在2020年的疫情期间，公司除了突击生产防疫用品之外，还向社会捐赠了大量的防疫用品和资金。其中，一次性给黄埭镇捐赠了300万元现金，帮助家乡人民抗击疫情。因为在大灾大疫面前温暖人心的行动，公司获得了极高的社会美誉度。

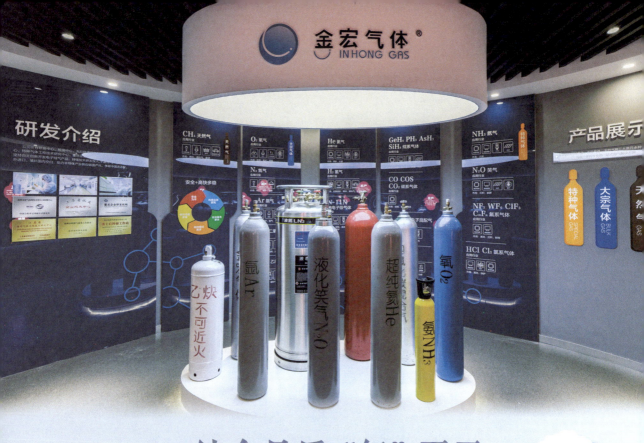

纯金品质"气"干云

位于黄埭镇医药高科技产业园区的苏州金宏气体股份有限公司(简称"金宏气体")绝对是个独一无二的存在!金宏气体不仅是黄埭镇,而且是相城区唯一在科创板上市的高科技公司。

估计有人不明白,区区一家生产气体的企业,怎么就是高科技公司了呢?

金宏气体的产品既有我们日常生活用气、医疗用气,也有各种工业制造所需要的气体,比如病人吸氧所需的氧气、各种电焊所需要的特种气体等;就连食品级的气体,金宏气体也可以生产,比如制造可乐等汽水饮料所需要的碳酸气体;更让人吃惊的是,金宏气体还可以生产制造芯片所需的特种气体。特种气体本来被西方发达国家少数几家公司垄断,高价不说,还不一定买得到。金宏气体的研发人员，心里憋着一股劲，硬是在垄断中杀出了一条"血路"，研制出了这种高科技气体，让我们不再受制于人，同时也提高了公司的科研能力和创收能力。

正是这种不断进取的精神，使金宏气体取得了跨越式的发展。2020年6月，公司在科创板成功上市。

1999年，金宏气体还是一家小小的送气站，公司董事长金向华还只是一个20来岁的毛头小伙子。这个不起眼的年轻人，当时身兼销售员、会计、送货员、搬运工等多种职务，整天奔忙在第一线。他凭着这种不怕苦、不怕累的精神，乘着苏州大发展的东风，掘到了人生的第一桶金。

小有成就后，金向华并没有停下前进的步伐，他的心中还有一个梦想：做实业！正是这个梦想促使他做出了一个大胆的决定：收购法国液化空气有限公司在苏州的分公司。这家公司可是全球最大的跨国专业气体生产商，它的很多产品在国际上占有绝对的垄断地位。收购了该公司在吴中区的工厂之后，金宏气体具备了自己生产气体的能力，从单纯的气体销售公司，转变为生产、销售一条龙的专业化气体生产企业。

到2009年，公司已经在园区、相城、吴中等成立了多家分公司，并完成了股份制改革，成功由家族制企业转变为现代企业。在引入职业经理人之后，公司确立了"安全、诚信、创新、敬业"的企业文化，将客户利益、员工利益放在第一位，并提出了"纵横战略"，即"产业布局+研发创新"两手抓。从此，金宏气体走上了发展的快车道。到2019年，金宏气体在全国各地设立的分公司、子公司有20多家，成长为一家实力雄厚的集团公司。2019年，公司实现销售收入11.61亿元，总资产近17亿元。

正如公司理念所说，"金宏气体，纯金品质"，今天的金宏气体，纯金品质"气"干云！

完美色彩有"卖点"

　　在黄埭有这样一家公司,大家可能没有听说过它,但是,你在生活中一定接触过或正在使用他们公司的产品,这家公司就是苏州市麦点彩印有限公司(简称"麦点彩印")。这是一家在包装界简直无所不能的企业,公司产品小到说明书、标签、彩色包装盒,大到世界500强公司的各种产品包装,甚至是画家画作的印刷,统统可以生产、复制,公司的客户遍及全球各地。

　　有人说麦点彩印的发展历程,就是黄埭经济社会发展的缩影,这话说得非常有道理。麦点彩印成立于2001年5月,成立之初,只有一台机器、几个工人,就连厂房都是租的,所谓的产品也就是单据。据公司创始人、总经理王建平介绍,公司是以东挪西凑的8万元起家的。年轻的创业人心里有个信念,那就是要"脚踏实地、心怀远方",追求卓越品质,不管生意大小,永远都要将客户的需求放在第一位。后来,这种理念成为麦点彩印企业文化的核心并最终形成了公司的企业文化:诚信经营、关爱同群、富有激情、团队合作、勤于执行、乐于思考、敏锐迅速、变革创新。

正是这样的企业文化，助推了公司稳健与跨越式的发展：从在乡间租厂房生产，到自建5万多平方米的现代化厂房；从当初几个人的手工作坊式的小厂子，逐渐成长为行业巨无霸。2019年，公司的销售额已经达到3.5亿元。2020年的疫情，给企业的生产、销售造成一定的困扰，但是在这一年里，麦点彩印依然大步向前，销售收入为3.6亿元。

今天的麦点彩印已经成长为国内印刷行业的标杆性企业，客户中不乏华为、爱普生、索尼、飞利浦等世界500强企业。公司的产品涵盖电子行业、医药行业、化妆品行业、食品行业，涉及的产品品类多达数百种。公司荣获"中国标签印刷企业竞争力50强""江苏省包装印刷行业十佳企业""苏州市明星企业"等称号。

公司目前正在筹划、上马新的项目，向印刷行业的高精尖发展。锐意进取、厚积薄发的麦点彩印未来可期！

"三心"共创伟业兴

    在黄埭镇，有一家公司的发展速度很快，它就是共创科技有限公司（简称"共创科技"）。

    共创科技是一家创业才14年的年轻企业，而它的产值在2019年就已经达到2亿元。由于受疫情影响，2020年产值为2亿元。2021年有望突破5亿元。公司新的现代化厂区也即将完工，很快就会入驻新厂区。新厂区的建设将会助推公司飞跃式发展：计划3年内上市。

    这家公司究竟是怎么做到在短短的时间内，实现产值从0到几个亿的飞跃的呢？这要从共创科技的总经理沈志贤说起。他是一位"80后"，才30多岁，年轻且淳朴。这个不事张扬的年轻人，却是相城区青年创业先锋模范人物、民盟相城区委员会委员。

在共创科技的创业过程中，有这样一个故事。2006年3月，沈志贤在广东参观考察一家日本连接器公司。参观过程中，他发现日本公司将配件卖得很贵，便想着能不能自己试着研究生产工艺以及工装设计。回到宾馆，就开始琢磨，试着自己画产品设计图、生产工艺流程图和模具夹具图。回到黄埭后，凭着热情，经过一次又一次的尝试，他终于将产品试制了出来；而且，产品的质量还非常好，甚至能够达到日本同类产品的质量。这次成功让沈志贤非常兴奋，凭着年轻人的闯劲，工作仅仅一年的小伙子立马做出一个大胆的决定——自己开办公司。

经过半年的筹备，公司顺利地开办了出来。由于产品的质量过硬，销路非常好，第一年产值便做到了800万元。然而，2008年，一场席卷世界的金融危机，差点将这家初创的公司扼杀。那一年，公司产值由2007年的800万元骤降到200万元。这迫使沈志贤开始思考企业生存的方向。他决定走产研结合的道路，将重心放到产品研发和品类拓展上。经过沉淀，公司迎来了爆发期。凭借出色的技术，共创科技迎来了一个又一个大客户：中兴、华为、苹果、共享单车……

很快，在5G通信基站核心元器件板对板连接器制造领域，公司迅速成长为全国前三的、全球前五的知名品牌企业，公司正在腾飞。

说到公司的创业，沈志贤再三强调了团队的重要性，正是团队的同心协作，才有了共创科技的今天！共创科技的成功就在于"三心"——信心、决心与同心。

至2020年10月，公司已经成为江苏省民营科技企业、相城区企业上市"苗圃"计划首批入库企业，获得相城区高新技术企业纳税贡献奖。公司现在拥有11项发明专利、20项授权专利、70多项外观授权专利。共创科技现在扎根于通信市场和消费电子市场，专注于三大类产品的研发与生产：消费电子和工业整机装配产品、通讯核心电器元件产品、消费电子零部件。

展望未来，共创科技的未来不可限量！

创新自强工匠心

　　在黄埭镇这片热土上，有这样一家显得非常"另类"的公司。说它"另类"，一是因为它的地位，在全国同行业排名高居前三；二是因为它作为一家重工业企业，在这里几乎是绝无仅有的存在；三是因为这家企业居然有博士工作站和博士后工作点。这些实在是令人惊讶，它便是宝联重工。

　　宝联重工，从名字便能知道，这是一家重工业企业。它的产品是专门供应国

内的大型钢铁冶炼企业的，可以这样说，但凡冶炼钢铁等，必然会用到宝联重工的产品——冶炼设备。也许有人会认为这是一家没什么科技含量，只会生产"傻大粗黑"产品的公司。其实不然，公司的产品虽然大而重，但却是真正的高科技聚集型产品。比如，智能化炼钢设备，就是未来钢铁设备产业的方向。据宝联重工研发中心总经理、全国劳模雷雨田介绍，由于国外的同类设备严禁出口中国，国家现在急需的特种钢生产，都需要宝联的冶炼设备助力。宝联重工的冶炼设备，打破了西方国家对我国特定领域的技术封锁。可以这样说，宝联重工托起了大国之重，承载着大国复兴的重任。

宝联重工能够在全国同行业中排名前三，一个重要的因素就是创新，它有自己的核心产品。作为一家创办才20余年、底子薄弱的企业，能够发展成现在的规模，成功的秘诀之一就是"笃行创新自强，坚守工匠精神"。

雷雨田回忆起公司发展的历程，感慨万分。记得公司初创时，为了拿下宝钢的一个技术改造项目，全体技术人员三天三夜没合眼，大家拧成了一股绳，攻克了技术难关，最终拿下了订单。后来，在公司取得巨大发展后，大家对技术更加精益求精，努力钻研、努力创新，取得了一个又一个辉煌战绩。公司现在的产值已经超过了3个亿，条件比起初创时期，好上不止百倍。但是，雷雨田说，越是条件好，我们越是要坚守工匠精神，对工作要更加一丝不苟，遇到问题一定要迎难而上，要敢于担当、勇于创新。正是这种锐意进取的工匠精神，成就了今天的宝联重工。

秉持工匠精神的宝联重工，一定能够走得更远、飞得更高！

文化浸润梦龙村

　　相城区黄埭镇的冯梦龙村，是民间文学大师冯梦龙的故里。这里有冯梦龙故居、纪念馆、书院和特色民宿、农家乐、林果、水稻……这些就像一块巨大的磁石，吸引着各地的游客。

　　走进冯梦龙村，果树的花香萦绕着你，各种花朵吸引着你，大片大片的荷塘令你愉悦……这时候，"赏心悦目"四个字，便会涌入你的脑海。然而，扑面而来的绝不止这些！最让游客们心醉的，还是冯梦龙村那浓浓的文化氛围。

　　这里的村屋依旧白墙灰瓦，只是外形和精气神都大变样了。美丽的墙绘和简洁的宣传文字点缀其间，新时代的气息扑面而来。冯梦龙故居就在村子的中心，当你迈入其间，冯梦龙生活的旧光阴便呈现在你眼前。新与旧的结合，奏出了和谐的旋律。

　　冯梦龙纪念馆位于冯梦龙故居西侧，是典型的明清时期江南水乡建筑风格。馆内不仅全面还原了冯梦龙生活时期的历史风貌，还展示了黄埭镇农业、文化、旅游多方面融合发展的美好图景。过去、现在和未来在这里联结起来，梦龙文化在这里传承。

　　紧连着纪念馆的是冯梦龙书院，书院主要由接待服务中心、三言书屋、墨憨斋、梦龙学宫四部分组成。仅仅一个三言书屋，就收藏着上千册与冯梦龙相关的书籍，还将大众阅读、多媒体互动、文物陈列结合为一体。

　　冯梦龙故居、纪念馆和书院就像魅力四射的"三剑客"，吸引着游客纷纷前来拜访。他们或驻足参观，领略冯梦龙清廉为民的一生；或翻阅书卷，体会"三言二拍"的文学魅力；或带着孩子，在书院里静静享受阅读的慢时光，让书香浸润孩子的心灵，让家的温馨更添一缕书卷香。

如果说在冯梦龙故居、纪念馆和书院里都是静处的时光，那么冯梦龙农耕文化园就是一片"动感地带"了。这里展示着冯梦龙文学作品中的农耕文化和乡村生活。徜徉其间，冯梦龙作品中的各种花卉植物，新鲜的乡土美食，儿时常玩的打陀螺、拔河、踢毽子等乡村游戏皆可遇见。春夏秋冬四季使用的传统农具、农业发展史上的几辆代表性的水车以及与二十四节气相关的农业陈设，加上那些惟妙惟肖的人物雕塑的诠释，让那些久远的与泥土相关的农事和着儿时的童真童趣都向你奔涌而来。

用《三字经》的形式修订完善的村规民约新颖别致，红白理事会、德善评议会、乡贤工作室、老书记工作室等自治组织闪耀着民主的活力。每年举办一次的"德泽渊源　耕读梦龙"乡村阅读季、冯梦龙文化节、丰收节等活动加上常态化巡演的《冯梦龙》系列评弹和山歌演唱节目，滋养着每一个冯梦龙村人。

2020年10月，冯梦龙村又新设了"网红打卡点"广笑府，这里，冯梦龙的经典笑话选段被植入现代创作的相声、快板等曲艺节目，由此诞生了又一处弘扬和传播冯梦龙文化的新阵地、文化惠民的新平台。而今，冯梦龙村在收获了一个又一个省级荣誉称号之后，还获评了"全国文明村"。

最美人间四月天，鸟鸣和风拂艳阳，桃李香漫梦龙村。无论春夏秋冬，文化一直都在浸润着冯梦龙村人，与这里的花草树木、人鱼鸟兽一起，共同描绘着更加美好的明天。

世外桃源钥匙头

　　午后，秋阳璀璨，阳光像一只只锐利的箭，直直地射向天地万物。可是一走进胡桥村钥匙头，秋阳就再也无法逞能了。宽敞洁净的水泥路旁都是枝叶繁茂的树木，偶尔也有阳光穿过枝叶，将点点柔情洒向路面。道路左侧是几幅宣传栏，文明、环境、善行义举榜等大字赫然醒目，右侧是彩砖铺就的小型停车场。停车场紧邻一小片树林。一阵秋风拂来，枝叶即刻沙沙作响。不远处是一个质朴的木制小门坊，左边写着"胡桥村"三个字，右边则有"美丽庭院"四个字。

　　不等走进去，映入眼帘的是干净整洁的农家小院，布局错落有致。走进一看，农家屋前的自留地里种着各式蔬菜，自留地边沿大多有一圈红砖围着，护着里面深深浅浅的绿，里边的绿与边沿的红相映，成了一幅美丽的油画。部分菜园的边沿则是半米高的水泥花台，台面有两三掌宽，很平整，这样的台面是为了方便老人们坐在上面休憩。在这里，你还可以遇见边沿是浅咖色的篱笆栏，这些篱笆栏由空心的小铁棍组成，让人涌起"牵牛延蔓绕篱笆"的诗意，脑海中也浮现出篱笆墙和藤蔓缠绕其上的美丽景象。

当然，农家庭院里不仅有这些菜园，还有各种花花草草，经过统一修整，留下的都是精华。在凉爽的秋日，月季花依旧绽放出娇艳的花朵，枝叶葱绿喜人。比较高大的黄杨树、桂花树和玉兰树被各种适宜的形状包围着，远看，就像是事先设计好的一处盆栽，令人赏心悦目。最吸引人的还是那些竹林，秋风吹拂，修竹摇曳，与粉墙黛瓦相映，与小河香蒲相伴，那些久远的乡村味道瞬间便在心头汹涌起来。

在竹林里挖竹笋，去河边割茭白、钓鱼捉虾、游水戏耍，或者只是看着女人们浣洗衣物，唠着家常，然后端着洁净的衣物，踏着夕阳回家⋯⋯

河流，一直是水乡最佳的主角。这里的小河岸蜿蜒曲折，状似钥匙头，或许正是如此，村庄就被叫作了钥匙头。这里大多还保留着自然村的旧模样：农家屋宇临河而建，屋后是大大小小的菜园，与它们相伴的往往是几竿翠竹。于是，小河浜里就有了不一样的倒影。夕阳斜射过来，似乎能看见一道道彩色的光，翠竹投下参差背影，涟漪圈圈，宁静的氛围就这样笼罩着这一方天地。那些新建的高大屋宇，那些色彩斑斓的文化墙绘，让这里又多了一份俏皮和活力，新时代的乡风文明已经在村民的心里生根发芽了。

曾经堆积如山的垃圾被清理了，代之以绿水人家绕的江南水乡风貌。邻心钥匙坊的引领，也开启了村民们向往美好生活的心愿。

环境美了，生活更美了。白日里，颐养天年的老人们聚在一起聊天、喝茶、下棋、运动，时而侍弄一下花草，时而照顾一下菜园子；晚霞出现，那些在外忙碌的人纷纷回到这里，在柴米油盐里打情骂俏，在高谈阔论中联络感情，一段悠然的慢时光开启了。人世间的温暖一直停留在这里，这里在当今快速变迁的世界里自成一方难得的天地。

于是，这里就成了金色的钥匙头，他乡无可取代的钥匙头。

美不胜收笠帽顶

西桥村笠帽顶只是一个非常小的自然村落。据说，这里曾经是一座瞭望台，被历史的风雨侵蚀后，坍塌成一地势较高地。因其地势明显高于四周，似斗笠状突起，人们就将它称为"箬帽顶"，后又称之为"笠帽顶"。在旧社会，农村没有水利设施，笠帽顶又因地势高，田里留不住水，庄稼十年九荒。遇上大旱之年，更是颗粒无收，农民生活十分贫困。因此，民间流传着"穷煞黄泥港，苦煞箬帽顶"一说。

而今，望虞河依旧在静静地流淌着，一如曾经的无声岁月，只是笠帽顶再也不是旧时的模样了。

即便是入秋了，这里依旧百花盛开，有绿树掩映粉墙黛瓦，还有几片竹林唱

响儿时的梦。夕阳欲颓之时，飞鸟归林，叽叽喳喳；屋前巷后，跳跃的小狗飞奔向归家之人，欣喜在空气中流淌。

村子前有一方藕塘，此时正值深秋，"荷尽已无擎雨盖"，满塘萧瑟肃杀。然而秋阳璀璨，早已一片枯黄的荷塘上竟有夺目的流光，直逼你的眼。凝视之，远处居然有两只白鹭踱步其间。它们修长的身姿配合着高雅的举止，更增添了这一方世界的生动之美。

漫步村道，每家每户门前左右常是灰砖砌成的小花台，造型别致。台内是各种花草，即便在深秋，它们依旧枝繁叶茂，绿意葱茏，"春日融融花草香"大概也就是这样了。问及缘由，原来村里的花草是由专人负责管理的。如此，倍受呵护的花草自然就呈现出最美的姿态了。

还有那些小菜园，虽然外沿都由灰砖砌成，但园内种植的蔬菜品种都由农户自行决定，于是这些小菜园就成了最具个性的地方：香菜、生菜、白菜、萝卜等，应有尽有。

道路蜿蜒处，停着三三两两的电动车、三轮车，不待走近，就听见咿咿呀呀的歌声。原来，笠帽亭里正在上演一出老剧，村里的老人们几乎全部汇聚于此了。他们有的戴着斗笠，有的撑着遮阳伞，有的顶着一件上衣，曾经在艳阳下面朝黄土背朝天的他们，此刻正在秋阳下悠闲地听戏。

老人们尚有如此变化，其他人的变化就更多了。村子里再也没有成堆的垃圾，乱飞的蚊蝇自然也销声匿迹，垃圾分类已经广泛深入人们的心里。每家每户都有敞亮的院子，院子里井然有序地晾晒着衣物，其中一两家还有爬着紫藤萝的木制花架、富有欧式风味的小花亭，中、西式审美风格交织在这小小的笠帽顶内。

笠帽顶真的"顶"起来了，美起来了。

董家桥里见初心

　　旺庄村董家桥位于冯梦龙村西南方向，两个村子相邻。冯梦龙村的建设从多年前就开始了，一直持续到今天。而今，冯梦龙村的环境大大改变，民风亦如是。冯梦龙这一名人在乡村振兴上贡献了巨大的推动力。文化养村，文化育人，在冯梦龙村得到了极大的彰显。

　　与冯梦龙村相比，旺庄村董家桥就显得有点寂寂无闻了。如果说冯梦龙村走的是乡村全面振兴之路，那么董家桥走的就是最传统的农业发展之路。

　　一到董家桥，就能看见一个红色的圆形浮雕上方刻着"携手共建最'董'你的家"几个大字。浮雕是镂空式的，从圆圈内可以看到金黄的稻田和远处粉墙黛瓦的村居，几棵绿树点缀其间，层次分明地勾画出一幅色彩斑斓的田园风光画。

　　此时，秋风飒飒，稻浪波动着，似"水晶帘动微风起"，似"风乍起，吹皱一池春水"。只是，这里没有一丝愁绪，有的只是稻子成熟的甜香。近处，桂花树枝叶油绿，在阳光下闪闪发亮，地面上，一些不知名的小野花肆意绽放着。远处，香樟树叶的绿意比春夏时节更浓了。还有其他不知名的树木杂错其间，它们的叶呈现出铁锈红或者深深浅浅的黄。仅仅是这些树叶，就构成了斑斓多姿的画，秋的萧瑟，秋的肃杀，似乎真的与这里无关。

　　一走进村庄，就可以看见董家桥旁屹立着一座白墙灰瓦的"初心楼"。这里是村民们休息、议事的好去处。村干部也从这里出发，通过村规民约和微网格的管理方式，让原本极为普通的小小自然村拥有了新时代的新面貌。你看，那些曾经只有着单调的白色的墙面成了彩绘作品的展览地。这些作品或描绘优美的田园风光，或传递优良的家风家训，或张扬新时代的文明新韵，就这样，美好的新风尚潜移默化地影响着村民。那些原本杂乱无章的小院变得整洁了，房前屋后多了一些花圃，小菜园也变得整洁有序了，就连小小的田埂上也铺上了彩砖，它们成了各个地块间最美丽的分隔线，如此，村民对菜园进行日常管理时再也不用踩着泥泞深一脚浅一脚了。

在村里，你轻易便可以看见农田的身影。它们远远近近，深深浅浅，围绕着这个小村庄。你看，那些在秋风里摇头晃脑的大豆已经被收起，地里虽凋敝了，可是场院充实了。那些孤独的豆根，兀自站立着，秋风扫过，枯叶翻飞，阳光透过那些叶上的孔洞，别样耀眼。古人云"落红不是无情物，化作春泥更护花"。这些根、这些叶，它们亦如落红，正在做着来年萌芽成长、开花结果的梦。

远处还有成片成片金黄的稻田，它们与白墙灰瓦的农屋，疏疏落落的绿树组成一幅层次分明的水粉画。那些春种夏长秋收冬藏的故事一直躲藏在这片土地里，浸润着农耕人的心。任流年似水，任世事变迁，与土地相伴，与作物相亲，这样的情愫才是真正的永恒。

不忘初心，方得始终。小小的董家桥，一定会在这份初心里绽放出更加动人的风采。

船坊浜畔新农家

　　长康社区的船坊浜因旧时东蠡河船上人家居住于此而得名，村庄内共有村民21户。原来泊船的河浜现在只剩下河流孤孤单单地流着，原来以运输蚕茧或者栽桑养蚕为主业的村民也纷纷转行进了企业。随着新农村建设步伐的加快，他们的房屋也易地重建，民居不再临河而建，而是统一规划建设。

　　虽然依旧是粉墙黛瓦，但房型已经是新式小楼样。高大的主房屋外连接着一个宽敞的院落。楼房窗台上安装的钢制晾衣架，在阳光下闪闪发亮。院落中高大的桂花树或者石榴树高昂着头颅，挺起胸膛，在风中摇摆，似血气方刚的青年人，舞动着充满活力的身躯。院墙下是一盆盆绿植，无论春夏秋冬如何轮回，这一方院落一直都承载着它们开花结果的美梦。

　　院墙边沿还有一个硕大的洗衣台。大理石制的台面彰显着主人的阔气。一看，就是女人们喜爱的院落。洗衣、晾晒、浇花、打扫，来来回回，她们的忙碌换来了整洁的房间。

　　院墙外，有的人家会在大门旁留下两小方土地，里面依旧种植着各种花草，紫叶酢浆草、茉莉、一串红、鸡冠花、凤仙花、月季花、铁树等，真是应有尽有。还有的人家居然在那一方小土地里也种上了高大的桂花树、石榴树。门前门后，门里门外，花草香，绿意浓。

　　虽然远离了栽桑养蚕的束缚，但是农家对植物的喜爱之心早就深植于血脉里了。于是，村里的空地几乎都被开垦了出来，一块又一块的小菜园里满是绿意。

每一个小菜园的外圈都是红砖砌成的简单的外沿，那些小菜园就像排队上学的小学生一样，整洁，鲜亮。

路旁每隔一小段路，就有垃圾分类桶静静地站立着，等候着人们的到来。看着整洁卫生的新环境，无论是老人还是小孩，都明白了垃圾分类的道理，懂得了珍爱这一方天地的意义。

的确，卫生整治人人参与，美好环境家家受益。新的生活方式、新的理想追求正慢慢根植人们心中。日益发展的新时代带着人们奔向崭新的明天。而今，船坊浜内早已没有一条船了，只剩下碧水悠悠，只剩下几棵老树临河照影。或许，只有它们还沉醉在往昔热闹的声响里。

梦里水乡是春申

　　黄埭自古便是风流繁华地,有着深厚的文化积淀、极高的人文素养、发达的工商业。融入古城的不仅有如画的美景,更有发展强劲的产业。在新的发展阶段,黄埭立足"相城城市副中心"的总定位,即将启动"春申西塘·梦里水乡"景区的规划和打造。作为"五个一工程"之一的"春申西塘·梦里水乡"景区,让黄埭古镇的未来值得期待。

春申湖、西塘河位于黄埭新镇区——中心商务区的核心区域,与老镇区衔接,串起了黄埭镇丰富的文化景观资源,是对外展示的重要窗口。如今,通过打造"春申西塘·梦里水乡"景区,将河湖两侧现有资源整合,串联起春申湖公园、文体公园、河滨公园、三岛公园、评弹公园、黄埭老街等,充分展现了黄埭"融古创新"的精神面貌。

以景观浮桥的形式构建的3000米的环春申湖系统步道是城市慢行系统中的一大特色。这条特色系统步道结合了灯光,形成一条漂浮于春申湖之上的浮桥玉带。同时,沿西塘河增加慢行栈道,往北延伸串联多个公园,联动公园网络,形成一条完整的西塘河滨水带,并通过架空桥形式往西延伸衔接中心商务区,未来与东蠡河绿道连通。河湖共赏,营造出"梦里水乡"最佳视距。

"河湖之心"是重点塑造的一个观景平台。采用架空桥形式盘旋于春申堤之上,结合春申堤上的特色彩虹跑道,在360度的观景平台上,你将体验到从陆地穿梭至空中的别样感受,观赏到"落霞与孤鹜齐飞,秋水共长天一色"的河湖美景。由此,春申湖与西塘河的河湖资源在多个环湖对望、亲水体验节点的塑造中实现了最大化利用。

除此之外,为塑造核心景区全域旅游基础载体,建造者对河湖周边已形成的公园功能也进行完善补充。在西塘河两岸绿地内增加全龄活力场所、文化感知空间、浪漫花海体验空间、康体健身以及漫步休闲等空间,重点打造一个活力四射、功能齐全的滨水空间。在西塘河路西侧,更增加配套停车设施,极大地满足了人们的停车需求。

可以说,"春申西塘·梦里水乡"景区将突显的是浓郁的江南风情、水乡气质、文化内涵,让城市更有品质品位,让老百姓的生活更加舒心舒适。古有"黄埭十八景",如今更添一道道新景。古韵与今风交融,黄埭,这座历史悠久的古镇,正以其独特的气韵和面貌向人们徐徐铺展着当今时代的一幅新画卷。

附　录

一、方言

1. 吾：我

2. 俫：你

3. 浜：小河

4. 超：调羹

5. 马：耳屎

6. 让：馅儿

7. 籴：油炸

8. 闸：用大火煮

9. 靠：舀

10. 享：撕

11. 特：掉

12. 刺：痣

13. 帐：扎在肉里的刺

14. 笃：熬（粥、肉汤等）

15. 真：有目的地扔

16. 旺：打赌

17. 绽：溅

18. 揩：擦

19. 订：沉淀

20. 孟：密

21. 落雨：下雨

22. 落雪：下雪

23. 迷露：雾

24. 风凉：凉快

25. 暖热：暖和

26. 花掀：哈欠

27. 聋彭：聋人

28. 哑子：哑巴

29. 套鞋：胶鞋

30. 饭除：锅巴

31. 乌头：鱼肉中的配菜

32. 浇头：加在米饭或面条上的菜肴

33. 旧年：去年

34. 开年：明年

35. 日脚：日子

36. 今朝：今天

37. 中浪：中午

38. 夜快：傍晚

39. 日朝：每天

40. 近段：附近

41. 天浪：天上

42. 地浪：地上

43. 轧米：碾米

44. 铁镨：锄地的农具

45. 御麦：玉米

46. 菜见：菜薹

47. 老卜：萝卜

48. 活狲：猴子

49. 老虫：老鼠

50. 结蛛：蜘蛛

51. 蚂米：蚂蚁

52. 矮凳：凳子

53. 被头：被子

54. 吊子：水壶统称

55. 硬柴：木柴

56. 火夹：火钳

57. 寄爷：干爹

58. 寄娘：干妈

59. 一径：一直

60. 那亨：怎样

61. 该搭、哀搭：这里、那里

62. 几化：多少

63. 小干：小孩

64. 大细：子女

65. 殟塞：不痛快、不舒畅、难受

66. 阿爹：祖父

67. 阿伯：父亲

68. 阿叔：叔父

69. 实梗：所以

70. 淘伴：伙伴

71. 霍显：闪电

72. 场化：地方

73. 墶尘：灰尘

74. 田鸡：青蛙

75. 穿绷：穿帮

76. 孛相：玩儿

77. 本钿：本钱

78. 学堂：学校

79. 赖学：逃学

80. 定心：安心

81. 动气：生气

82. 难末：发语词，表示接着往下说

83. 坍台：丢脸

84. 缩笃：不新鲜

85. 丁倒：颠倒

86. 笃定：非常放心

87. 结棍：厉害

88. 邋遢：脏

89. 来三：行

90. 搭杀：两个（件）或以上的人（事）正好凑在一起

91. 狼形：贪婪的样子

92. 孟门：蛮横

93. 闹猛：热闹

94. 排曹：丢人现眼

95. 贼腔：行为举止丑

96. 王六：不可靠

97. 啥体：为什么

二、俚语

1. 小娘鱼：小姑娘

2. 吹风凉：乘凉

3. 大好老：同 "大好佬"，大人物，了不起的人物

4. 空阵头：只打雷而没有下雨

5. 轻骨头：轻佻、不持重的人

6. 三脚猫：什么都不懂或什么都不真懂的人

7. 煨灶猫：无精打采

8. 开火仓：开伙

9. 蒙松雨：毛毛雨

10. 阴子天：阴天

11. 寒势势：同 "寒飕飕"，形容有点儿冷

12. 孵太阳：人较长时间地晒太阳

13. 枉东道：打赌

14. 发极崩：事急而到处奔走求援

15. 吃排头：挨骂，挨批评

16. 饭筲箕：专盛米饭的竹篮

17. 洋山芋：马铃薯

18. 看山色：鉴貌辨色

19. 捞横堂：捞取额外收入

20. 打葛伦：说话打顿，欲言又止

21. 豁零子：暗示，提醒

22. 磨夜作：晚上继续工作或学习

23. 骷郎头：同"骷颅头""骷髅头"，脑袋、头颅

24. 甩山尖：额角上两边头发脱落，只保留中间一块

25. 赤骨碌：赤膊

26. 肋棚骨：同"肋旁骨"，肋骨

27. 一干子：同"一家头"，一个人

28. 两家头：两个人

29. 压末名：同"着末名"，最后一名

30. 吊心境：触动心灵深处

31. 懊门痛：由懊悔而产生的痛惜的意思

32. 话搭头：说话时习惯上出现与主题无关的话语

33. 骂山门：不是一句两句，而是大骂一通

34. 夹嘴舌：搬弄是非

35. 触壁脚：背后说人坏话

36. 瞎尺拍：胡说八道

37. 说死活：说逗人发笑的幽默话

38. 大前头：正厅

39. 横垛里：同"横肚里"，半中间，旁边

40. 一作堆：聚集在一起

41. 街浪向：街上

42. 乡下头：泛指农村

43. 浑淘淘：有些发晕

44. 讨惹厌：讨厌

45. 勿连牵：不成

46. 蚌壳精：嘲笑一碰就要哭的人

47. 老茄茄：年龄不大，但知道的事很多，自以为是

48. 偷珠眼：同"偷针眼""麦粒肿"

49. 勃瘰头：长在人身上的小疙瘩的总称

50. 脚馒头：膝盖

51. 眯凄眼：近视眼、眯缝眼

52. 阿壳张：谁知，哪知道

53. 啥场化：什么地方

54. 阿作兴：会不会，是否可能

55. 垂夜快：黄昏头

56. 后首来：同"后首"，后来

57. 勿适意：身体不舒服

58. 身向里：身上

59. 粥隐汤：烧粥时浸出来的汤

60. 羊妈妈：羊

61. 鸡瓜瓜：鸡

62. 鸭连连：鸭

63. 小气胚：吝啬鬼

64. 光郎头：光头，剃光了头发的头

65. 发寒热：发烧

66. 阴头里：太阳照不到的地方

67. 落像则：从下小雨变成下大雨

68. 雪烊则：雪化了

69. 拗春冷：倒春寒

70. 河滩浪：河边

71. 年夜头：岁末

72. 哀个月：这个月

73. 一歇歇：一小会儿

74. 转角嘴：拐角处

75. 打磕冲：打盹儿

76. 荡马路：逛街

77. 一只羊：一元钱

78. 关夜学：下午放学后不让马上回家

79. 伴孟孟：捉迷藏

80. 潨河浴：游泳

81. 后脑勺子：脑袋后面突出部分

82. 热天热暑：炎热的夏天

83. 捱求苦脑：苦口哀求

84. 墨腾赤黑：同"墨钝漆黑"，极黑，极暗

85. 一刮两响：做事干脆、利索

86. 一似一样：一模一样

87. 七勿搭八：说话做事没有分寸、没有计划

88. 七鞴八裂：形容人脾气古怪，不易打交道

89. 十皮塌脸：一脸嬉笑、顽皮的神情

90. 困司朦东：睡得糊里糊涂

91. 脱头落配：做事毫无头绪，常出差错

92. 牵丝扳藤：反悔，翻老账

93. 七勿牢牵：活儿做得不像样

94. 直腰懒掼：懒洋洋，手足无力

95. 年夜岁边：农历年底

96. 哀枪世里：这些日子里

97. 大清老早：一大早

98. 一时头里：同"一时头上""一时头浪"，一下子

99. 日长世久：同"日长岁久""日长时久"，长期

100. 生病落痛：同"生病陆痛"，患有病痛

101. "瞎子"太阳：有较多的云彩挡住的太阳

102. 雨弗落则：雨停了

103. 大密节头：大拇指

三、俗语

1. 白米饭好吃田难种。

2. 抱勿上格刘阿斗。

3. 拆东天补西天。

4. 戆进不戆出。

5. 好心恶肚肠。

6. 捏鼻头做梦。

7. 嘴硬骨头酥。

8. 白露身勿露。

9. 聪明面孔笨肚肠。

10. 聪明一世糊涂一时。

11. 答应得噢噢应, 忘记得干干净。

12. 大勿算, 小尖钻。

13. 当仔和尚骂贼秃。

14. 豆腐肩胛软骨头。

15. 额骨头上七个字, 只吃别人不吃自。

16. 戆人自有戆人福, 烂泥菩萨住瓦屋。

17. 公要馄饨婆要面。

18. 狗头上抓抓, 羊头上摸摸。

19. 狗眼乌珠看人低。

20. 狗咬一省（声），窜得半场。

21. 好男不同女斗，穷人不同官斗。

22. 好人被人欺，好马被人骑。

23. 好事不出门，坏话传千里。

24. 荷叶包勿住沙角菱。

25. 黑铁墨塔，吃俚不煞。

26. 横世横，折牛棚。

27. 皇帝不急急煞太监。

28. 昏咚咚，六月初三浸稻种。

29. 急病碰着慢郎中。

30. 家鸡打仔团团转，野鸡勿打着天飞。

31. 叫花子不留隔夜食。

32. 叫花子吃三鲜，要一样呒一样。

33. 金窝银窝，不及家里狗窝。

34. 金乡邻，银亲眷。

35. 精精精，裤子剩条筋。

36. 九月九，蚊子叮石臼。

37. 救人救只落坑狗,回过头来咬一口。

38. 看人挑担不吃力,自己挑担步步歇。

39. 拉拉俚长格,挫挫俚圆格,揿揿俚扁格。

40. 癫痫头伲子自家好。

41. 烂木头氽勒一条浜俚。

42. 烂泥萝卜吃一段揩一段。

43. 老大多仔使翻船。

44. 冷勒风浪,穷勒债浪。

45. 冷粥冷饭好吃,冷言冷语难受。

46. 立勒郎放债,跪勒郎讨债。

47. 留得青山在,不怕没柴烧。

48. 六月不借扇,要借过仔八月半。

49. 六月不热,五谷不结。

50. 六月债,还得快。

51. 龙生龙,凤生凤,老虫生格伲子掘壁洞。

52. 萝卜青菜,各人所爱。

53. 锣鼓勿敲勿响,蜡烛不点勿亮。

54. 落雪落雨狗欢喜,麻雀肚里一包气。

55. 落雪落在癫狗身浪。

56. 落雨就怕天亮,生病人就怕肚胀。

57. 满饭好吃,满话难说。

58. 猫吃饭,狗做主。

59. 猫咪不偷食活饿煞，长工不偷力活做煞。

60. 面皮老老，肚皮饱饱。

61. 明枪好躲，暗箭难防。

62. 磨刀不误工，落得手里松。

63. 倪子不养爷，孙子啃阿爹。

64. 娘好囝好，秧好稻好。

65. 娘来娘好，爷来爷好。

66. 娘勿像，爷勿像，活像隔壁张木匠。

67. 牛吃稻柴鸭吃谷，各人头上一方福。

68. 拼死吃河豚，怕死吃芦根。

69. 平时不烧香，急来抱佛脚。

70. 七勿牢三牵，七着不唠叨。

71. 青花田鸡跳得八丈，肚皮饿得瘪相。

72. 清水掏掏一碗粥，老卜掏掏一碗肉。

73. 热气换仔俚冷气。

74. 人少好过年，人多好种田。

75. 若要好，老敬小。

76. 若要俏，冻得黄狗叫。

77. 三亩黄豆三亩稻，晴也好，落也好。

78. 三升胡桃四升壳，各人头上一方福。

79. 上梁不正下梁歪。

80. 上有样，下有相。

81. 蛇吃黄鳝活迸杀。

82. 十句九笃落，一句阿勿着落。

83. 石子里逼不出油来。

84. 说着风，就扯篷。

85. 说嘴郎中呒好药。

86. 死要面子活受罪，借仔铜钿买棺材。

87. 贪小利，失大财。

88. 天上鹁鸪肉，地下兔子肉。

89. 天上老鹰大，地下娘舅大。

90. 天作雨来，人作祸来。

91. 勿识相，吃辣货酱。

92. 瞎眼拖仔死老虫。

93. 相骂无好口，相打无好拳。

94. 小辰光糕勒馒头，大仔起来刀勒拳头。

95. 笑嘻嘻，不是个好东西。

96. 新箍马桶三日香，四日变得臭棚碰。

97. 眼利（泪）索落落，两头掉勿落。

98. 羊肉勿吃着，弄仔一身臊。

99. 要讨好，绕葛蕉。

100. 要么楼上楼，要么楼下搬砖头。

101. 爷有娘有，勿如自有，家主婆有，还要登勒房门口守。

102. 一笃水滴在油瓶里，芥菜子抛在引线头里。

103. 一夜勿困，十夜勿醒。

104. 一只碗勿响，二只碗叮当。

105. 硬柴大仔灶膛门。

106. 有借有还，再借不难。

107. 有理无理，出勒众人嘴里。

108. 运来推勿开，倒霉一齐来。

109. 灶膛里推出柴来。

110. 只要手脚勤，黄土变成金。

111. 种田人难吃立夏饼，叫花子难吃重阳糕。

112. 猪头肉，三不精。

113. 捉狗屎，不轧好道。

114. 嘴唇薄嚣嚣，闲话呒多少。

115. 做仔秧田闯仔祸，种好菜花排排坐。

四、冯梦龙名言警句

1. 千虚不如一实。(《警世通言·王安石三难苏学士》)

点评：一千件虚假的，不如一件真实的。虽然成语中有"三人成虎"的说法，但假的毕竟是假的，谎言永远不能成为事实。可以此告诫弄虚作假的人。古人还有"千虚不搏(抵)一实"的说法，意为空想一千次也不抵实践一次，与这句意思相似。

2. 明人不做暗事。(《古今小说·李秀卿义结黄贞女》)

点评：明人指行事光明磊落的人。暗事指诡秘的、不可见人的事。本句大意是行为光明磊落的人不做那些偷偷摸摸、鬼鬼祟祟的事。本句中的"暗事"，大多指那些施展阴谋诡计、暗算别人的坏事。这种事像鼠窃狗偷一样，当然不能在光天化日之下进行，自然也为光明正大的人所不齿。本名句流传极广，可供表白胸怀坦荡、行为光明时引用，也可用于指责、讽刺那些惯于施阴谋、搞暗算的行为诡秘的人。

3. 慢人者人亦慢之。(《东周列国志》第五十二回)

点评：慢指轻慢。轻慢别人的人，别人也会轻慢他。俗话说："你敬我一尺，我敬你一丈"。反之，对别人轻慢无礼，自然不会受到别人的敬重。论社交关系、文明礼貌时，可以引用。

4. 经一失，长一智。(《警世通言·王安石三难苏学士》)

点评：失指失误，智指见识。这句大意是经过一次损失，便增长一点智慧。事情办错了，损失造成了，应怎么办？有人不以为意，马马虎虎，这种人将来还要犯大错误；有人惊慌失措，沮丧颓废，这种人将来什么也办不成；有些人后悔万分，叫苦不迭，这种人只能原地踏步。正确的做法是认真总结经验，吸取教训，从中得出有益的结论，使失败成为成功之母。此句指出正确对待失误的态度，可用以说明应该怎样对待失误。

5. 人心不足蛇吞象。(《警世通言·桂员外选穷忏悔》)

点评：人心不知道满足，就像蛇想把大象吞下去一样。比喻贪心不足，多用来讽刺或埋怨别人贪得无厌。

6. 天下无有不散筵席。(《醒世恒言·徐老仆义愤成家》)

点评：天下任何筵席都没有不散的。即使再热闹、再盛大的筵席也有终结的时候。任何热闹的场面、隆重的聚会都不会太久，事情都会有个结尾。《红楼梦》第二十六回中"千里搭长棚——没有个不散的筵席"与此义同。本句多用于说明席终人散是必然的，不必过于留恋，过于感伤。

7. 宰相腹中撑得船过。(《警世通言·杜十娘怒沉百宝箱》)

点评：这句名言比喻形象，言辞幽默，因而流传极广，在口语中有时又作"宰相肚里能撑船"。宰相，泛指那些有大才干、成大事业的人；撑得船过，是言其胸怀宽广。可供称赞大度大量的人时引用，也可用于劝慰别人要隐忍、宽容，不要在小事上斤斤计较。

8. 忙者不会，会者不忙。(《东周列国志》第五十一回)

点评：忙指忙乱无措。会指会做事。这句大意是遇事忙乱无措的人不会做事，会做事的人不会忙乱无措。人往往是这样：遇事忙乱的人，往往是没有经验或才能，不得要领，不知如何应付；而会做事的人，对于所面临的事情心中有数，应对自如，稳操胜券，自然也就不忙乱。

9. 受人之托，忠人之事。(《警世通言·王娇鸾百年长恨》)

点评：接受了别人的委托，就要忠于别人委托的事情。这句话现在还常被引用，意思是一定要恪守信用，把别人委托的事情办好。但在"受人之托"时，应该先鉴别一下这种请托该不该接受，以免帮别人办理不应该办的事。

10. 见势不趋，见威不惕。(《东周列国志》第十八回)

点评：趋指趋奉，惕指惧怕。见到有权势的不去依附趋奉，见到有威严的不胆怯惧怕。这句以准确精警的语言，指出一个正直不阿、守正刚强的人应具有的品质。作者认为，为人应自尊自重，不卑不亢，决不能趋炎附势，阿谀奉承，卖身求荣；为人应"不为崄怯"(见苏辙《是氏浩然堂记》)，"不避死义"(见王通《文中子·礼乐》)，决不能见风使舵，变节卖身，用别人的鲜血染红自己的顶子。此句简捷明快，一针见血，可用以劝勉青年人敢于坚持真理，不随声附和，不做风派人物。

11. 清净莲花，污泥不染。(《古今小说·月明和尚度柳翠》)

点评：洁白的莲花，出自污泥而一尘不染。此句源于周敦颐《爱莲说》"予独爱莲之出淤泥而不染，濯清涟而不妖"，赞美荷花有天然的美质，有洁身自好、一尘不染的节操。以此句赞美荷花，比喻人的品质，均甚相宜。

12. 学富五车，书通二酉。(《古今小说·闲云庵阮三偿冤情》)

点评：五车，言书之多。二酉指大酉、小酉二山，在今湖南沅陵县西北；相传秦人在此读书，将书留在山中，后即用以形容书多。这句大意是学问渊博像富有五车之书的古人，书籍多得像秦人在大酉、小酉山中的藏书。这是用以夸赞博学的名句。因《庄子·天下篇》有"惠施多方，其书五车"句，后以五车称赞人的博学。此名句两处用典，言简义丰，典雅含蓄，同时富有夸张色彩，文风活泼，故很为人所喜用。

13. 日往月来，星移斗换。(《古今小说·明悟禅师赶五戒》)

点评：斗换指北斗星的杓移动了位置，转了方向，意思是说季节变化了。这句大意是时光不断推移，岁月不断变迁。此句常用以形容日月交替，往来如梭，日子很快地过去，时代也已起了变化。勉励人们珍时惜阴，及时努力时可以引用。

14. 有过则改之，未萌则戒之。(《警世通言·蒋淑真刎颈鸳鸯会》)

点评：萌指萌芽，比喻事情刚开始发生。这句大意是有了过错就要改正，错误还没有露头就要警惕。这句不仅告诫人们要及时改正已经发生的错误，而且告诫人们要防患于未然，警惕那些可能发生的错误，可谓语重心长。

15. 水不激不跃，人不激不奋。(《古今小说·穷马周遭际卖锤媪》)

点评：激指激发，跃指高扬，奋指奋发。这句大意是就像水不经激发就不会高扬一样，人不采用激励的方法也不容易奋发。此句从一个方面阐述教育方法的重要性。人是一种活的社会物，其主体虽是内因在起作用，但人又对社会与环境具有一定的依赖性。人本身具有一定的惰性，往往需要外因的激励才能猛进。尤其在教育上，为了加强教育效果，学会运用这种规律是十分必要的。该名句妙在以水为喻，引发说教。借喻形象，具体可感，使抽象的道理很容易为人接受，是一种说理的好方法。

16. 富贵本无根，尽从勤里得。(《醒世恒言·徐老仆义愤成家》)

点评：富贵本来就没有根，不是固定地专属于某些人的，富贵都是从勤苦努力、艰苦奋斗中得来的。普通的语言，说明了深刻的道理。可用于劝勉人靠自己的勤奋努力发家致富，警戒人靠施舍、靠继承、靠其他不正当的手段获取的富贵，都是不长久的，也可用以赞美勤俭致富的人。

17. 非理之财莫取，非理之事莫为。(《古今小说·沈小官一鸟害七命》)

点评：非理即不符合道理。这句大意是不符合道理的财物不要取，不符合道理的事情不可做。财有正义、不义之分，事有合理、不合理之别。正义、合理之财则取，正义、合理之事则做，这是正人君子的行为；取不义之财，办非理之事，乃小人之举。况且，取不义之财，办非理之事，终不合人情事理，终究会受到惩罚。这句多用于警诫人不可取不义之财或做不义之事。

18. 强中更有强中手，莫向人前满自夸。(《警世通言·王安石三难苏学士》)

点评：在强者中间还有更强的人，不要在别人面前自满地夸口。这句告诉我们，即使你已经本领高强，取得了很大的成就，也不要自满自足，到处炫耀。要知道，就在你的周围，还有比你更强的人值得你去学习、追赶。可用以告诫生活中的强者。

19. 一时之强弱在力，千古之胜负在理。(《东周列国志》第十四回)

点评：一时指短时间的，暂时的；千古指长久的。这句大意是短时间势力的强弱可能会取决于权力的大小，但长久的胜负却取决于公理。公理总是会得到大多数人的支持的，也总会战胜强权的。虽然在某些时候，公理的力量可能会弱一些，而强权的力量可能会强一些，但这只是暂时的现象。因为得到大多数人支持的公理终究会强大起来，并最终战胜强权。这句多用于告诫人们不要凭一时之强权取胜，也可用于说明公理最终是会战胜强权的。

20. 常将有日思无日，莫待无时思有时。(《警世通言·桂员外途穷忏悔》)

点评：途穷指路的尽头，比喻穷困的处境。这句大意是常常在有家产的日子想到今后可能无家产，不要等到破产以后再来回忆当初有家产时的景况。这句告诫人们要居安思危，居富思贫，勤俭持家，防患于未然。劝人节俭时可以引用。

后　记

　　毫无疑问，撤市设区（吴县市撤销，分设相城区、吴中区）以来，黄埭镇的发展和变化可以用日新月异来形容。典型的江南水乡古镇到工业强镇的华丽转身，再到现代化乡镇的形成，给人以惊艳的体验，并令人不由得发出由衷的赞叹。

　　黄埭镇，在城市化建设的进程中，以现代文明的包容延伸"埭川"的流向，流向姑苏、流向全国，与世界接轨。埭川汤汤，川流不息。现在的黄埭俨然是一个文化的"码头"、历史的"驿站"、贸易的"商埠"。不同的乡音在这里交汇，不同的地域文明在这里碰撞。黄埭是老的，也是新的；黄埭是熟悉的，也是陌生的。

　　黄埭镇，咬定发展不放松。一幅更加美好的蓝图呈现在每一个黄埭人面前。

　　过去的黄埭、现在的黄埭、未来的黄埭，是一本最鲜活的教材，值得黄埭的每一名中小学学生阅读。

　　黄埭镇党委、政府，交给我们一个任务——编一本关于家乡黄埭的读物，让这本读物成为学生走进黄埭的"向导"，使学生在轻松愉悦的阅读中完成"家乡之旅"。我们相信，这是一趟不平凡的旅程，"家乡"一定会刻在学生的心中。

　　黄埭镇党委书记顾敏高度重视，多次拨冗关心乡土教材的编写事宜。在镇党委委员周昕艳的领导和部署下，黄埭中心小学、黄埭实验小学、东桥中心小学、春申中学和东桥中学的骨干教师分头编写这一读物。尽管老师们自身的教学任务和管理任务都很繁重，但大家克服困难，利用下班后和双休日的时间，搜集资料、实地采访、斟酌取舍、反复修改，在较短的时间里，完成了稿件。值得一提的是，老师们觉得虽然辛苦，但是在参与编写的过程中，对家乡黄埭有了进一步的认识、有了新的发现。

编写过程中，镇党委委员周昕艳召集并参加了至少八次编委会会议和许多次线上交流。对编写组人员而言，每一次会议和交流都实实在在，令人收获满满；每一次都在解决问题，都在推进编写工作，也都在升华我们对家乡的热爱。

我们衷心地感谢黄埭中心小学为编写读本所提供的贴心的服务。我们真挚地感谢黄埭中心小学张爱琴、春申中学刘明、东桥中学叶婷、东桥中心小学许金龙、黄埭实验小学邱丽华等5位校长。没有他们的亲力亲为和直接领导，我们的编写不会这么顺利。我们十分感谢黄埭镇社会事业局的严全兰、赵维康、王侃等领导和老师。他们不仅亲临指导，还为我们提供了大量的资料、协调了采访对象。我们诚挚地感谢参与编写的各位老师。没有他们的奉献，就不会有这么高质量的读本。他们是黄桥实验小学的薛元荣以及退休的顾福敏老师，黄埭中心小学的尤维霞、邹晓萍、钱春花、李金珠、杨佳靓老师，春申中学的薛丽花、陈静雯老师，东桥中学的王春宝、李维英老师，黄埭实验小学的倪红琴、刘菁、颜晓雯老师，东桥中心小学的蒋建忠、张涛、王薇老师。

在编写中，我们编委会的老师们一路采访，一路参考，一路提炼，不断提升对家乡黄埭的情感与认识。在此特别致谢《黄埭镇志》《东桥镇志》《黄埭地方人文资料调研整理报告》等参考书目及各类资料，这些资料为编委会的编纂工作提供了参考与便利。

由于从十月的第一次会议到十二月的定稿，时间紧，加之我们的水平有限，读本中一定会有错误和疏漏之处。请大家在阅读的过程中多提宝贵意见，以便继续修订和完善。

《家乡黄埭》编委会

2020年12月28日